7日間で「幸せになる」授業

慶應義塾大学大学院教授
前野隆司

PHP

はじめに　～幸せは原因であり結果である～

「あなたにとって幸せとは？」

このように問われたら、あなたはなんと答えますか。私は「幸福学」の研究をしていますので、いろいろな方にこの質問をすることがあります。

すると、様々な答えが返ってきます。「お金がたくさんあることが幸せ」「お金が少ししかなくても、夢をもっていることこそが幸せ」「毎日が楽しければそれが幸せ」「愛する人と一緒にいられれば、それだけで十分」などなど。実にバラエティーに富んだ回答でいっぱいです。

もちろん、この質問に普遍的正解はありません。善し悪しもありません。その人が感じた幸せこそが、その人の正解です。つまり、**幸せとは、何かに規定されるものではなく、万人に共通するものでもなく、個人的な感覚**だと言うべきでしょう。

幸せについての研究は、かつては主に哲学・思想・宗教の分野で行われてきました。「人間にとって幸せとはなんなのか」。この問いを、多くの哲学者・思想家・宗教家たちが、時代や社会を超えて考え続けてきました。何世紀にも及ぶ営みです。

しかし、幸せは百人百様です。現在に至るまで、この問いに対する明確な正解を導き出した哲学者はいませんでした。哲学の分野では、今もなお幸せとは何かが問い続けられているのです。

一方、一九八〇年代くらいから、心理学の分野でも幸せの研究が行われるようになりました。幸せは百人百様とはいえ、全体としてどんな傾向があるのか。統計学ベースの研究です。様々なアンケート調査が行われました。また、脳の計測から経済指標の計測まで、様々な調査も行われました。

心理学の基本的手法の一つは、いくつもの質問をして回答を得ることです。「お金がたくさんあれば幸せになれるか」という質問に対して、多くの人がイエスだと答えたなら、幸せを生み出すものはお金というふうに考えます。多くの人がノーと答えたのなら、お金と幸せとはあまり関係がないと考えます。このように、心理学とは、「みんなはどう考えているのか」をアンケートで問う研究手法なのです。もちろん、アンケートと他の計測の比較も行われます。脳計測と比較すると、左脳前頭葉が発火しているときに人は幸せを感じる、という研究結果が導き出されます。幸せと収入を比較すると、収入が少ないときには収入は幸せに大きく影響するけれども、ある程度多くなってくると収入は幸せにあまり影響しない、という事実がわかります。

私が定義する「幸福学」も、基本はアンケート調査をベースとする心理学・統計学です。ただし、私は、**基礎科学である心理学・統計学と、応用科学である工学をつなぐことまで含めて幸福学**と呼んでいます。つまり、**いかにして心理学・統計学の結果を、人々にとって役に立つ形で利用していくか**。ここまでが、私の考える「幸福学」のカバー範囲です。

＊

もともとの私の専門は、機械工学やロボット工学。いわゆる理系です。

私がまだ子供だった頃、日本は国を挙げて科学技術の発展に夢を託している風潮がありました。この小さな島国には豊かな資源はない。広大な土地があるわけでもない。そんな環境の日本が発展するためには、科学技術の進歩が欠かせない。新しいモノを生み出し、工業を発展させることこそが我が国の繁栄につながる。科学技術の発展とともに生活が豊かになれば、日本中の人たちが幸せになれる。みんながそう信じて走っていた時代でした。

子供だった私はその話に共感し、将来は技術者になるという夢を抱くようになりました。数学や物理が得意でしたので、大学進学の際には迷うことなく理系を選択しました。東京工業大学に入学し、卒業してからはキヤノンの技術者として働き始めました。子供時代からの夢を実現させたのです。

しかし私の心には、いつもある疑問がつきまとっていました。「本当に今の日本は幸せなのだろうか」「科学技術は確かに発展したけれど、それが私たちを幸せにしただろうか」「便利な社会にはなったけれど、その便利さは幸福感を生み出しているのだろうか」。そんな疑問が小さな棘《とげ》のように刺さっていたのです。

少し古いデータになりますが、興味深い調査結果があります。

これは一九六〇年から二〇一〇年に至るまでの、生活満足度と一人当たりの実質GDPの推移を表したものです。このデータを見ると一目瞭然です。

一人当たりGDPの推移を見ると、まさに右肩上がりです。二〇一〇年には五倍以上に達しています。これは我が国の経済が豊かになったことのエビデンス（証拠）です。科学

生活満足度と1人当たりGDPの推移

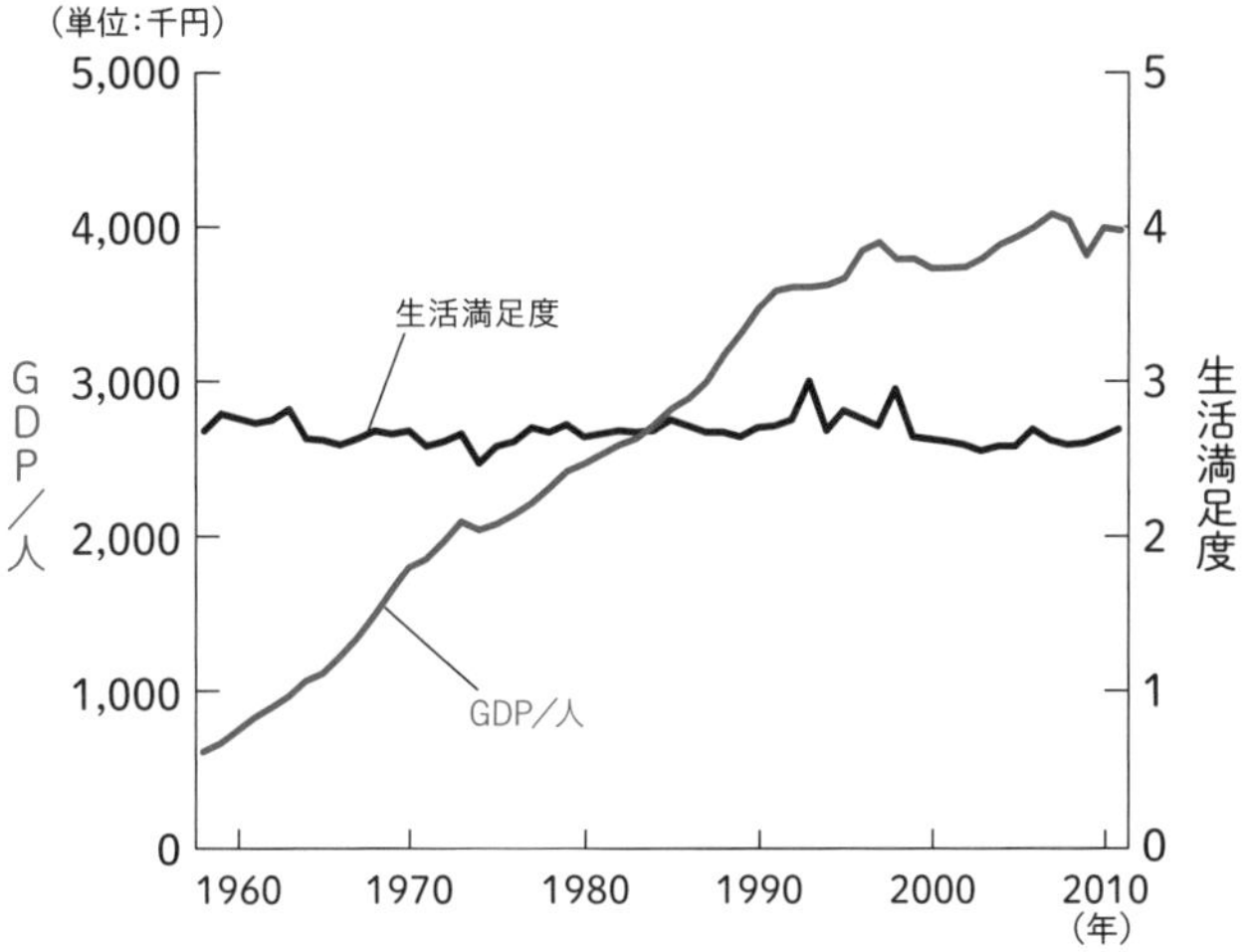

［出典］
生活満足度：エラスムス大学「World Database of Happiness」
GDP（1958-1999）：内閣府 1955年からの需要項目別一覧「実質暦年」
GDP（1994-2011）：内閣府 統計表一覧「実質暦年」
人口（1920-2011）：総務省 人口推計長期時系列データ（1920-2010）

技術の力で、日本の経済は飛躍的に成長しました。

　ところが、生活満足度を見てみると、五十年前とほとんど変化がありません。どれくらい今の暮らしに満足しているか、「生活満足度」は幸福度の一つの指標とされています。つまり、どんなに科学技術が発展しても、国のGDPが増えても、人々の幸せにはあまり影響がなかったということなのです。

　人々が感じる**幸福感は、高度経済成長期であろうがオイルショックのときであろうが、バブ**

ル景気の時代やリーマンショックの時代であろうが、あまり変わらないということなのです。

人々を幸せにしたいと思って技術者の道を歩んできた私でしたが、どうやらそれは幸福感とはあまり関係がなかった。技術によって便利にはなったけれど、それが幸せには結びついていなかったのです。

では、どうすれば人間は幸せになれるのだろうか。百人に百通りの幸福感がある。それは間違いではないけれど、きっとそこには共通するメカニズムがあるはずだ。幸せのメカニズムを解き明かしてみたい。幸せのメカニズムがわかれば、きっと多くの人が幸せになれるに違いない。哲学や心理学の研究者たちが行ってきた世界に私のような理系の研究者が参入することで、なんらかの化学反応が起きるかもしれない。その化学反応が人々の幸せにつながるかもしれない。

そんな思いで、私は幸福学の研究を続けてきたというわけです。

そのなかでわかってきたことの一つは、本文でも述べますが、**「幸せは、原因でもあり、結果でもある」**ということです。いろいろなことが起きて、その「結果」として幸せになったり、不幸になったりする。そんなふうに考える人が多いかもしれません。幸せは

「結果」であると。

しかし、**幸せは「原因」でもあることが、幸福学の研究からわかってきた**のです。幸せな心の状態の人は、創造性が高く、生産性が高く、利他性が高く、やる気があり、チャレンジ精神があり、健康で、長寿である、などなど。幸せな心の状態になっていると、たくさんのいいことが起きます。そして、その「結果」として、さらに幸せになっていくことができるのです。

本書のタイトルは『7日間で「幸せになる」授業』です。たった「7日間」で幸せになれるわけないじゃないか。そう思った方はいませんか。そうではありません。幸せは「原因」でもあるわけですから、**7日間で、ベースとなる幸せな心の状態をつくることは可能**です。しかも、すべて幸福学の研究結果に基づいていますから、7日間で幸せのベースをつくれます。すると、それが「原因」となって、人生が幸せな方向に転がっていくでしょう。その「結果」として、長い年月をかけて、あなたの人生はさらに幸せになっていくでしょう。あなたの周りも幸せな世界になっていくでしょう。

つまり、**正確には、『7日間で幸せのベースをつくり、それが原因となって、もっともっと幸せになっていくし、さらには世界中が幸せになっていくための基本を学ぶ授業』**と言うべきでしょう。省略すると、『7日間で「幸せになる」授業』。ぜひ、7日間で、世界中の人の幸せを担《にな》うあなたの基本について学んでください。

7日間で「幸せになる」授業

目次

1日目

そもそも幸せとはなんなのかを学ぶ

CONTENTS

2日目

自分の幸せの形を診断する

3日目

四つの心の力を知る

4日目

性格と環境を整える

5日目

無意識に陥っている不幸癖に気づく

6日目

幸せな自分でいる習慣を身につける

7日目 幸せな未来を描く

1日目

そもそも幸せとはなんなのかを学ぶ

幸福学は「気の持ちよう」の科学

幸せとはなんでしょう。その答えは人それぞれの心のなかにあります。お金がたくさんあるから幸せだと思っている人もいれば、お金はあるけれど幸福感を感じていないという人もいるでしょう。**幸福感とは、私たちの心が感じるもの**です。

「気の持ちよう」という言い方が昔からあります。私が子供だった頃には、「気の持ちよう」が大手を振って歩いていたものです。

たとえば、風邪をひいたときには「気が弛《たる》んでいるからだ」と叱られる。熱があっても、「そんなものは根性で治せ」と平気で言われたものです。現代の常識で考えると、気が弛んでいようがいまいが、ウイルスには感染しそうです。ウイルスと闘うために身体は熱を出します。そんな状態が根性などで治るはずはなさそうです。しかしかつては、そんな精神論がごく普通にまかり通っていたのです。

時代が進み、科学的な考え方が盛んになるにつれ、「気の持ちよう」というような考えは薄れていきました。風邪を治すのは根性ではなく薬。熱は精神力では下がることはない。科学的な理屈にたどり着きました。現代の子供たちは「風邪など気合で治せ！」とは言われません。

ところがまた時代が一周回って、価値観は変わりました。**もしかしたら「気の持ちよう」というものは存在しているのではないか。それは科学的にも根拠があるのではないか。そう考える科学者が増えてきた**のです。もちろんそれは宗教やスピリチュアルではなく、理論的・論理的な説明を伴った考え方なのです。結論から言うと、「気の持ちよう」についての研究が進展し、**「気の持ちよう」によってその人の人生が大きく変わることがエビデンス（証拠）とともに語られる時代がやってきました。**

つまり、心理学や脳科学の分野で、「気の持ちよう」とは科学的なものであるという考え方が主流になりました。「気の持ちようの科学」研究が進んでいるのです。

たとえば、「これにチャレンジしてみましょう」と提案されたとき、自己肯定感の低い人たちからは「いや、私にはできません。とても無理です」という答えが返ってきます。その回答に対して、「何を甘えたことを言ってるんだ。根性を出してやってみろ！」と迫るのが昔のやり方でした。これでは心が委縮してしまいます。

そうではなく、**「あなたにはこんな強みがありますよね。その強みをうまく活かすこと**

ができれば、きっとやれると思いますよ」という言葉をかけてあげる。すると**その人の心のモチベーションは徐々に上がっていく**のです。そして一歩を踏み出すことで自信が生まれてきます。

つまり、**「気の持ちよう」を適切にコントロールすることでその人は変われる**のです。

これまでの話は心理学の分野の話でしたが、医学の分野でも同じようなことが知られています。

何百人というがん患者を診察してきた医師の話です。彼は多くの死を目の前で見てきました。がんの診断は科学的に行われます。それまでの膨大なデータに照らし合わせながら、患者さん一人ひとりの病状を判断する。それは統計的・科学的な営みです。医師が「余命は三カ月です」と判断すれば、多くの患者さんは残念ながら三カ月前後で亡くなります。

ところがまれに、医師の診断を覆《くつがえ》す患者さんがいます。明らかにがんは進行しています。もう三カ月はもたないだろうと医師は判断している。にもかかわらず、がんが消えてしまう人が一定数います。そういう人の多くは、「私は絶対に死なない」と強く思っている人や、「まだやり残したことがあるから死ねない」と思っている人だそうです。

もちろん、統計的には数百分の一にすぎないかもしれません。一般的には、そのデータは誤差として扱われがちです。しかし、統計的には小さな数とはいえ、「気の持ちよう」で治る患者さんがいることは事実なのです。

「医学的に説明することは難しいけれど、気の持ちようが病を治すことはゼロではありません」。多くの医師はそう言います。

医師は科学的に考えるプロです。事象を合理的に説明するのが科学の世界です。そんな医学の世界においても、科学的に測れるものとして「気の持ちよう」が存在することは常識になってきています。現代とは、そんな考え方が明らかになりつつある時代なのです。

ただし、誤解のないようにお願いします。「医学は信じられない。精神論ですべての説明がつく」は間違いです。病に対しては、医学が現代社会で最も信頼できる科学的な考え方であり、その信頼できる考え方の一部に脳や心の活動に関する「気の持ちよう」の科学が仲間入りしつつある、ということなのです。

私が研究している**幸福学とは、「気の持ちよう」をどのように科学的にコントロールするかという学問の一つのバリエーションと言ってもいい**でしょう。心を適切にコントロールすることで、人は幸せになれるからです。

つまり、「病は気から」は科学的なのです。もちろん、熱が出たら根性で下げようなどと思わずに、お医者さんに診《み》てもらうべきなのですが、「気の持ちよう」が多くの病を予防する力をもつということも、また科学的な事実なのです。

予防医学としての幸福学

医学はもともと病気の人しか相手にしませんでした。医者の前に座るのはなんらかの病気にかかった人だけでした。病気の原因を突き止め、いかに治療していくかだけが考えられていました。裏を返せば、健康とはどのようなものなのかについては十分に考えてはいなかった。健康とは病気ではない状態、それくらいの認識でした。

薬もそうです。病気や疾患を治す薬の研究は進んでいますが、健康になるための薬はありません。サプリメントはありますが、薬ではないので、本当に効力があるのかどうかは薬よりも不明確です。つまり、かつては、健康な人たちは放っておかれていたとも言えるでしょう。

しかし、実は病気になってからでは遅いのです。**病気にかかる前に、いかにして健康を維持していくか。胃を悪くする前に、どのように心がければ胃の健康を保つことができるのか。「予防医学」です。**現代では、予防医学という分野が医学の一部として確立しています。今や、産業医や公衆衛生の研究者が、病気でない人の相手もする時代になりました。

ここ数年、私も医学系の学会で講演を頼まれることが多くなってきました。私は医師ではありません。工学者です。医学系の学会に呼ばれることは、以前はあまりありませんでした。ところが最近はそんな依頼が増え続けています。つい最近も医学系の学会の基調講演に招かれました。どうして私の話を医学系の人たちが聞きたがるのか。それは私が進めている幸福学に興味をもってくださる方が増えているからです。

病気にかかった患者さんの治療をする。それは医師の使命ですが、それだけでは十分ではない。医学にも限界があります。どうしても治せない病気は数え切れないほどある。ならば、病気にならないような方法はないものか。医師たちはそこに目を向けるようになってきたのです。

「大声を出して笑うことで健康になる」。そんな考えに賛同する医師も増えてきました。

もちろん薬のように確実に効くものではありませんが、笑いと健康が相関することも事実なのです。お笑い番組をテレビなどで観て、家族と一緒になって大声で笑う。そんな時間をもつことで、心の病から脱することもある。笑うことで免疫力が高まり、身体が内部から元気になるという研究結果もあります。

心の底から笑えるということは、とても幸せなことです。悩みを抱えていたとしても、笑っている間だけは忘れることもできるでしょう。笑うという行為が私たちの心身に良い影響を与えるという実証データも出ています。

あるいは、幸せを感じながら生きている人は病気になりにくいというデータもあります。大腸がんになりにくい、ドライアイになりにくいなどのデータがどんどん出てきています。まだ荒削りな面もありますが、こういったデータを科学者である医師たちが出し始めているのです。

幸せな人が病気になりにくい理由は、免疫システムの影響だろうと考えられています。心が幸せを感じていれば、それが身体の免疫力を高めることになります。**反対に心が不幸せな状態のときは、大きなストレスを抱えることになります。**過度なストレスが心身を蝕《むしば》むことはよく知られています。

そういう意味で、**幸福学は、予防医学の一種**だとも言えます。先ほどは「気の持ちよう」と表現しましたが、心の状態が身体に影響を及ぼすからこそ、どうすれば幸せな心の状態をつくれるのかを研究し、提示することが重要なのです。

幸せのカギは「主体性」

企業・事業体で働くビジネスパーソンにアンケート調査を行ったところ、**最も幸せを感じる人が多かったのは経営者**、つまり、社長さんや役員の人たちでした。その**次に幸せを感じていたのが管理職**の人たち、部長や課長といった人たちです。そして、**最も不幸せと感じていたのは一般の社員**でした。特に、定型的な仕事をしている人の幸福度は低めでした。

社長は責任ある立場です。自分の下した判断によって会社の命運が左右される。社員全員の生活を背負っているわけです。そのストレスはたいへんなものでしょう。また、社長ほどではないにしても、役員や管理職の人たちもまた大きな責任を担っています。そればかりでなく、与えられた責任を果たさなければ、たちまち降格させられることもある。これまたストレスのかかる毎日でしょう。

それに比べて一般社員は、お気楽な部分があります。一生懸命に仕事はしても、自分の働き方が会社に与える影響は限定的です。失敗しても上司に叱られるだけで済みます。日本では、いきなり会社をクビになることもありません。

一見するとストレスが少なく、気楽そうな一般社員ですが、実際には、この層の幸福感が一番低いという結果が出ているのです。

では、どうして社長さんたちの幸福感は高いのでしょうか。その答えの一つは、彼らが主体的に仕事をしているからだと考えられています。自分が何をすべきかを常に考え、どのように仕事を進めるかも自身で決めている。誰かから指示されるのではなく、自分の判断で動いている。つまり、主体的に生きているのです。管理職も社長ほどではないにせよ、自身で判断することが多い。もちろん責任は伴いますが、主体的に仕事を進める権限があります。

それに比べて一般社員は、多くの場合、上からの指示で動いています。今日はどのような仕事をするのか。今月のノルマはどれだけあるのか。それらの指示が上から降ってきます。自分がやりたいと考えている仕事をさせてもらえず、ただ与えられるだけ。そこには「やらされ感」がつきまといがちです。この**「やらされ感」こそ、私たちから幸せを奪う元凶**と言ってもいいでしょう。

もちろん、一般社員のなかには、主体的に仕事に取り組んでいる人たちもいます。たとえ与えられた仕事であっても、真正面からそれを受け止めて、自分なりのやり方を探しつつ進めていく。自分が望む仕事でなくても、指示されたからには主体的に取り組んでいく。そういう社員は充実感と幸福感を味わっているでしょう。結果として、そういう人の多くが管理職に昇格していくのだと思います。

ですから、**一般社員が幸せに働くコツの一つは、自分自身がやりたいと思いながら仕事をすること**です。**自分がもっている個性や強みが活かせるような仕事に従事する。組織に縛られるのではなく、自由さのなかで仕事をしていく。あるいは、仕事のなかにおもしろさや意味を見いだす。**それができれば、人は幸せに働けるのです。

私は、仕事やプライベートでたくさんの人と出会います。幸福学を研究していますので、つい出会う人の幸福度を想像します。「ああ、この人は幸せそうだな」「この人はあまり幸せを感じることなく日々を送っているんだな」と、そんなことを勝手に想像しながら眺めています。そうすると、やはり主体的に生きている人は輝いて見えます。

日々同じ仕事を繰り返している人たち、組織に縛られて、自分のやりたいことができていない人たち、そういう人たちは楽しそうには見えません。

一方で自分が好きな仕事をし、自己決定して生きている人々は、とても幸せそうです。

つい最近も、脱サラして農業を始めた人に会いました。農業は、甘いものではありません。専業農家で生計を立てるのはなかなか難しいことです。そんなことは百も承知で、その人はIターンをして農業の世界に飛び込みました。かねてから抱いていた目標であり夢だったからです。彼は真っ黒に日焼けした顔で私に言いました。

「いやあ、農業はたいへんです。収入は三分の一に減りました。今は食べていくだけで精一杯です。でも、サラリーマン時代の一〇〇倍幸せです」と、彼は実に楽しそうにそう言いました。一〇〇倍なんて大げさではないかと思われるかもしれませんが、私はそういう人を何人も見てきました。

たとえ収入が激減しても、日々の仕事が重労働であっても、彼には主体的に生きているという充実感がある。その幸福感が満面の笑顔を生み出しているのです。

主体的であることと自由であること。この二つは人間の幸福感に大きな影響を及ぼしま

す。自分の人生を自分で選択できる幸せ。それは多くの現代人が想像する以上にパワフルなのです。

さて、同じビジネスパーソンでも、女性にフォーカスしてみましょう。今や男女平等が掲げられた世界です。しかし、アンケート結果を分析してみると、**男性よりも女性のほうが幸福感が相対的に高い傾向がある**のです。

現代日本の女性の立場を見ると、基本的には機会均等が叫ばれているものの、欧米と比較するとまだまだ女性の社会進出は遅れていると言うべきでしょう。政治家の数も、経営者の数も、企業での管理職の数も、女性のほうが少ないという現実があります。つまり、日本社会は残念ながらまだ男女平等社会とは言えません。それは国連などの資料を見ても明らかです。

ところが、日本女性の幸福度は世界の女性と比べてけっして低くはありません。実は、日本は世界的に見て、女性と男性の幸福度の差が最も大きい国の一つなのです。そこにはもちろん様々な要因があるでしょうが、その一つに精神的な自由があるように思います。

先ほども述べましたが、まだまだ男女差別が残っている日本。男は一生働いて家族を養わなければならない。一度入った会社は定年まで勤めるのが当たり前だ。そんな男性の労働観を、日本男性は引きずっていないでしょうか。かつてよりは転職する男性も増えましたが、まだまだ昔の価値観に縛られている人がたくさんいます。望まない仕事を命じられても、自分を押し殺してやらなければならない。その不自由さが不幸せにつながっているように思えます。

一方で、女性は男性よりも精神的な自由度が高いように思います。私の見る限り、女性のほうが気軽に小さな会社に転職したり、一旦辞めたり、様々な働き方をしたりと自由な選択を享受しているように思います。従来型の働き方をすべきという強迫観念が男性よりも弱いようです。つまり、女性のほうが主体的に生きているように思えるのです。

会社という大きな枠組みから離れてみると、そこには別の世界が広がっている。組織にいたときには気づかなかった幸せを見つけることもあるでしょう。そんな自由さが、女性の人生を豊かにしているのかもしれません。

自分を縛りつけている大きな枠組みから出ることで、新しい自分を見つけることもできる。本来の自分を取り戻すきっかけにもなる。そう考えれば、やはり主体性と自由は幸せには欠かすことができない要素なのです。

もちろん、女性のほうが気軽に「辞めてもいいか」と思えるだけの精神的な自由があるということは、まだ日本が男女不平等社会であることの裏返しでもあるので、手放しで喜んでいいことではないかもしれません。どうあるべきかの議論は続いていくべきでしょう。ただ、統計学から言えることは、日本は世界的に見て幸福度の男女差が大きい国であるという事実です。

幸せとは多様な価値を「尊重」すること

何によって幸せを感じるか。それは時代によって違ってくるものです。江戸時代に生きた人間と、現代の日本に生きている人間、あるいは戦争中に生きた人間とでは、その幸福感が違うことは容易に想像できます。また、**社会が複雑化すればするほど、人々の幸福感は多様化**します。

かつての高度経済成長期においては、科学技術の発展や、それに伴う経済活動の上昇に人々は幸せを見いだしていました。大きな会社に就職して、会社の歯車となってバリバリ仕事をする。頑張ることで評価され、給料も上がっていきます。四十歳になれば郊外に一軒家を新築して、ガレージには憧れのセダンが置かれている。子供部屋からはピアノの練習をする音が心地よく聞こえてくる。多くの人たちが描いていた幸せの絵がそこにはありました。

私が大学生だった一九八〇年代には、下宿に集まって友人たちと夢を語り合ったものです。自分は企業に就職して上り詰めてみせる。俺は大学に残って世界をあっと言わせるような研究をしてみせる。官僚になって国のために尽くしたいという友人もいました。

そこにはとても具体的で、形のはっきりした幸せがありました。言い換えれば、幸せの型が存在していて、多様性は低かった。今よりも、みんなが同じような型にはまった幸せを求めていたように思います。そして、みんなが描いている幸せから逸脱すれば、それは、すなわち不幸せであるという風潮もありました。一流企業に就職することが幸せで、吹けば飛ぶような会社に入ることは不幸せなことだと。

しかし、時代は変わりました。私が教鞭《きょうべん》をとっている慶應義塾大学でも、私たちの頃には考えられないような意識の変化が起きています。まずは就職の際に、大企業に入りたいという学生が年々減少しています。大きな会社に入って組織の歯車になるより、自分の力で起業したいという学生が増えています。また、組織に所属せずに、自由な働き方を選択する学生も増えています。

そんな彼らの幸せは、給料の高さや出世ではないようです。「仕事一筋の人生なんて興味がない。自分の好きなことをして生きていきたい」。そう言い残して海外に旅に出る学生もいます。私たちの世代にはなかなかできなかったことです。

郊外に一軒家を新築する幸福感など信じられないという若者も増えています。「どうしてそんなものが幸せにつながるのか。ピカピカの新車で幸せになれるのだろうか」と思っている。私たち世代のおじさんは、「仕事こそが人生の喜びだ。世界を旅する暇があったら、やりがいのある仕事を探せ」とつい言いたくなるかもしれません。わかり合うことは難しい。世代を超えて幸福感を共有することはなかなか難しいことだと思う方もいらっしゃるでしょう。

私は、客観的に物事を見るような科学的訓練をしてきたからか、あるいはいつも若者と接しているからか、若者の世界観を理解できます。人間には、自文化中心主義者（自分のコミュニティーの文化からの視点で世の中を見る人たち）と文化相対主義者（自文化にとらわれず世界を見る人たち）がいると言われますが、私は後者の見方で世界を見ています。

価値観が多様化した今、大切なことはお互いの幸福感を認め合うことだと思います。**自**

分の幸福感を押しつけるべきではありません。もちろん、我が子に対しても。自分が生きてきた時代と、子供たちが生きている時代は別のものです。わずか数十年の違いではありますが、時代は大きく変化しているのです。

「会社などに縛られることなく、自分らしく生きていきたい」と言う若者がいれば、「それもまた新しい生き方だね」と認める寛容さをもつべきでしょう。

反対に若者の側も、これまで生きてきた先輩の幸福感を否定しないことです。「自分の家を新築したときの喜びは大きかったのでしょうね。夢が叶って良かったですね」と共感できるといいですね。つまり、お互いに寛容で、尊敬と尊重がある社会。

現代はまさに多様化の時代だと言われています。同じ日本にも、様々な生き方をする人々がいます。仕事一筋のおじさんもいれば、遊びが高じてゲームを仕事にしている若者もいます。バリバリ仕事をして出世を目指すキャリアウーマンもいれば、家で子供と一緒に夫の帰りを待つ女性もいます。どの風景のなかにも幸せは宿っています。そんなそれぞれの幸せを尊重・尊敬し合うべきです。まさに、文化相対主義的な世界観をもつべき時代なのです。

応用倫理学としての幸福学

さて、ここで、**「多様性はすべて認め合うべきか」について考えてみたい**と思います。幸福感が多様化した現代、その多様性は基本的には認めるべきだと思います。しかし、ここで気をつけなくてはいけないのは、**「すべてがOK」ではない**ということです。すべてを認めてしまうと、わがままや身勝手が世の中に溢れてしまうからです。

つまり、以下のようなケースです。

「誰かに迷惑をかけても、自分さえ幸せならいいじゃないか」「自分は誰とも関わりたくないから、放っておいてくれ」「自分さえ儲かればそれでいい。他人のことなど、どうでもいい」。すべての多様性を容認すると、上記のような幸せも認めるべき、という議論になるとお感じかもしれません。

しかし、幸福学の研究成果として「人に迷惑をかける人は幸福度が低い」「孤独は幸福度を下げる」「利己的な人よりも利他的な人のほうが幸福度が高い」などの結果が出ています。

つまり、幸福学に基づくならば、**多様性はもちろん大切だけれど、どうやら「推奨すべき多様性」と「容認されるべきではない多様性」があるの**です。多様性にも良いものと悪いものがある。そのことを提示していくのが幸福学なのです。言い換えれば、**幸福学とは、道徳や良識の科学**です。かつての日本には「道徳」がしっかりと根付いていました。それぞれの人が自由に生きればいいと言われながらも、越えてはならない一線をみんなが共有していました。「それをやるのは君の自由だけど、さすがにそれはやめたほうがいいと思うよ」、そう諭してくれる人たちが周りにはいたものです。

そんな道徳観が薄れつつある今、なんらかの心の基軸を見つけていく必要があるのではないでしょうか。**幸福学とは、単に幸せとは何かを考えるだけでなく、いかに生きるべきかについての基軸を提示する、応用倫理学であるとも言える**でしょう。

先ほど、幸福学は予防医学の一部と捉えられると述べましたが、応用倫理学の一部とも捉えられるということなのです。

私が幸福学研究を始めて十数年が経ちますが、やればやるほど様々な学問との接点が見つかります。誰もが幸せに生きたいですよね。だから、あらゆる学問やあらゆる活動と幸福学は関連している、つくづくそう感じます。

幸せな心の整え方

ハッピーで快活に大声で笑っているような幸せもありますが、私が好きなのは、心が穏やかで整っている状態。感情の起伏が大きすぎず、静かな湖面のように、心がスーッと澄み切っているような状態。そんな心持ちでいられることが、持続する幸せにつながると思います。少なくとも、心がざわついている状態は幸せとは言えません。

禅の修行の基本は坐禅にあります。修行僧たちは毎日の坐禅を欠かしません。三百六十五日、どこにいようと坐禅の修行をしています。修行を通して悟りを開くことが最大の目的ですが、そのためには常に心を整えておくことを目指します。

では、坐禅が心を整えるということを、科学的に実証できるのでしょうか。実は、最近の脳科学研究によって科学的な根拠が明らかにされています。

「はじめに」でも触れましたが、脳内の環境変化を分析してみると、人間が幸せを感じているときには、左脳前頭葉が発火していることが知られています。なぜ左脳前頭葉なのか、その詳細はまだわかっていませんが、左脳前頭葉が発火しているときに私たちが幸せを感じるということはわかっています。

そして、修行僧が坐禅を組んでいるときの脳の状態を見たところ、やはり左脳前頭葉が発火しているという結果が出ました。また、長年にわたって修行を積んできた高僧と呼ばれる人たちの脳を調べてみると、彼らの左脳前頭葉は坐禅を組んでいるときでなくても発火していたのです。つまり彼らは、常に心が整っているということのようなのです。

このように、長い年月にわたって受け継がれてきた坐禅という修行法は、実は心を整える上で非常に理にかなった行為であることが脳科学研究によって検証されています。

坐禅はインドから中国、そして日本に伝わった禅宗の伝統ですが、坐禅に限らず東洋に伝わる瞑想には同様な効果があると考えられます。最近ではマインドフルネスという名称でも呼ばれています。

そんなわけで、**幸せになりたいと願うのなら、まずは心を整える**ことです。そして**それは、自身の心がけ次第でできるもの**です。必要以上に怒ったりしない。一つのことに執着しない。「まあ、いいや」と受け流してみる。そんな心がけも、心の穏やかさにつながっていきます。

ちなみに、坐禅・瞑想には長い歴史のなかでいろいろな型がつくられてきましたが、私は、型にこだわらずに自由に行っていいと思っています。わざわざお寺に足を運ばなくても、自分の部屋で簡単にできます。まずは静かに座って目を閉じます。開けていても、半眼（半分開けた状態）でもかまいません。正座が苦手ならば胡坐《あぐら》でもかまいません。椅子に座っていても、立っていてもかまいません。歩きながら行う坐禅や、走りながら行うマインドフルネスもあります。まあ、リラックスできればなんでもいいのです。

背筋を伸ばし、腹式呼吸をします。このときに丹田《たんでん》（おへその数センチ下あたり）を意識しながら、ゆっくりと呼吸をする。これを五分もやれば、心が落ち着いてきます。それは気のせいではなく、脳科学的にも有効性が認められているのです。こんな簡単なことで心が整うのですから、やらない手はないですよね。ただし、心の整え方には、個人差があります。

さて、もう一つ脳科学でわかっていることを紹介しておきます。脳内にはセロトニンという物質があります。「幸せの物質」と呼ばれるように、セロトニンの分泌が幸福感に作用することが知られています。うつ病にかかった人は、セロトニンの分泌が非常に少なくなるそうです。

セロトニンに関連する遺伝子型に、セロトニントランスポーターSS型というタイプが

あります。これは心配性の遺伝子とも呼ばれています。そして**日本人は、この心配性の遺伝子をもつ人が多い**ということがわかっています。

昔から日本人は細かい作業が得意だとされてきました。西洋では考えられないような繊細な着物を生み出し、数百年も前から芸術的な神社仏閣をつくり上げてきました。自動車や電気製品など、現代の製品やサービスもそうです。細部までよくできていて、品質が良い。さらに、ものづくりだけでなく、客人をもてなす心遣いもとても細やかで繊細なものです。日本人の「おもてなしの心」は、欧米の「サービス」とは一線を画すものです。

どうして日本人はそのようなことができるのか。それは、裏を返せば心配性だからと言うこともできそうです。

たとえば、着物を仕立てるとき、着てくれる人のことを想像します。自分がつくった着物を気に入ってくれるだろうか。神社仏閣を建てるときにも、はたしてこの建物は百年も二百年も壊れないだろうか。こんなおもてなしのやり方で客人は喜んでくれるだろうか。そんな細やかな気配りをするからこそ、実にきっちりとした仕事をすることができる。この心配性の遺伝子こそが、繊細で美しい日本文化を築いてきた源泉だと言えるのではないでしょうか。

ただし、心配性の遺伝子がプラスに働いているうちはいいのですが、マイナスに働くと、人は悲観的になってしまいます。心配が心配を呼び、余計な不安感ばかりが襲ってくる。そんな状態になると、悩みや心配が頭から離れなくなってしまいます。最悪の場合には自殺へとつながってしまいます。他国と比べて日本人の自殺率が高いのは、この心配性の遺伝子と関連しているのかもしれません。

以上、述べてきたように、**心配性もうまく使えば良い方向に向かいます。**しかし**悪い方向に向かえば、幸せとはかけ離れていきます。必要以上に心配性にならないためにも、心を整えておく必要がある**のです。

＊

私は二〇一四年に、イシュープラスデザインの筧裕介さんと、「地域しあわせ風土調査」を行いました。その結果、最も幸せな都道府県は沖縄県でした。

一方で、日本総研の調査では、最も幸せな県は福井県でした（『全47都道府県幸福度ランキング2018年版』）。順位は調査法によって異なります。日本総研の調査は客観的調査。持ち家率や貯蓄額、家族構成や仕事の満足感など、数値化できる客観データに基づいています。

私たちの調査は、主観調査です。「あなたは幸せですか？」というような様々な質問への主観的な回答を集計した結果です。

沖縄県の人々が主観的に幸せだと答えたことには、沖縄独特の言葉「なんくるないさ」が関係しているように思います。人生にはいろいろなことがある。うまくいかないこともたくさんあるし、災難に襲われることもあります。そのようなマイナスの出来事に出合ったときにも、彼らは「なんくるないさ」と言います。「なんてことはないよ。まあ、なんとかなるよ」と。

この言葉はまさに心配性の真逆のものでしょう。心配ばかりしていてもしょうがない。起こってしまったことは仕方がない。悩むより、前を向いて歩き出したほうがいい。人生は歩いてさえいればなんとかなるものだ。そんな何事にも動じない心が、沖縄の人たちには根付いているのでしょう。これも、心が整った例の一つと言えるでしょう。

あなたがいてくれて良かった

自己肯定感という概念があります。自分自身のことを自分が認めていること。一言で言えば、自信に近い概念ですね。自分に自信をもっている人は、いろいろなことに積極的に取り組むことができます。目の前の課題に対しても、よしやってやろうという気持ちになります。一方で**自己肯定感が低い人は、なかなか積極的な気持ちにはなりにくい。「どうせ自分にはできないだろう」「とてもやれる自信がない」と消極的な気持ちになりがちです。**これでは幸せは遠のいてしまいます。主体的に生きることが幸せにつながると先にも述べましたが、**主体的に生きるためには積極性が必要**なのです。

私は二年ほどアメリカに住んだことがあります。そこで接したアメリカ人は自己肯定感の高い人だらけだったことが印象的でした。彼らは口々に言います。「俺はできるぜ」「俺に任せておけ」。難題を目の前にしてもこの言葉が返ってきます。こちらからすれば「本当に任せておいていいのだろうか」「本当にできるのだろうか」と疑いたくなることもありますが、彼らは自信満々に「俺はできる」と断言します。なんという自信でしょう。

もちろん「俺にできるから任せておけ」と言っても、実際にはできないこともけっこうありますし、失敗に終わることもあります。それでも彼らは、けっしてへこたれません。「状況が悪かったから失敗したけど、次は大丈夫だ。俺に任せておけ」と涼しい顔で言うのです。

日本人には考えられないような自己肯定感。彼らはどうしてそんなに自信満々でいられるのでしょうか。

その要因の一つは、幼い頃からの教育にあるのではないかと思います。**アメリカの子育てや教育ではエンカレッジ（勇気づけ）を大切にします**。子供が何か新しいことにチャレンジしたとき、親は手放しでエンカレッジします。「すごいね！　よく頑張ったね」と。「よくできたね」と**結果を褒めるのとは違います**。**経過をエンカレッジするのです**。もし失敗したとしても、チャレンジそのものをエンカレッジします。「失敗なんてしてもいいのよ、大事なことはチャレンジすることよ」と。自分がやった行動に関して、いつも親や周りの大人たちがエンカレッジしてくれる。そんな経験の積み重ねによって、やればできるという自信が育っていくのです。

一方で**日本の教育は、**どちらかといえば、**マイナスをゼロにしようとする方向に向いています**。**できることに目を向けるのではなく、できないことに目を向けてしまう**。少しでも苦手なことがあれば、それを克服させようとします。その子の良い部分を伸ばそうというよりも、なんでもそれなりにできる子に育てようとする。すると、エンカレッジしたり褒めたりすることよりも、叱ることのほうが多くなります。

いつも親から叱られて育った子供は、いつの間にか自信がなくなってしまいます。優れた面があっても、「自分なんてまだまだダメなほうだ」と思い込んでしまいます。

なんと不幸なことでしょうか。「なんでも俺に任せておけ」となりすぎるのも眉唾物《まゆつばもの》ですが、あまりにも**自己肯定感が低いと、つい他人任せの生き方になってしまいます。自分で物事を決めるのではなく、いつも誰かに決めてもらう。誰かからの指示や命令がないと行動できない。これは主体的な生き方ではありません。**

日本という社会は、安心・安全な社会をつくることに注力しすぎたのではないかと思うことがあります。主体的に自己決定しない子供のような心のままでも生きていける安心・安全な社会に、極端に振れすぎたのではないでしょうか。

もっと、個性と主体性と自己決定力を伸ばすために、エンカレッジしようではありませんか。ただし、エンカレッジするためには、その人の良いところを探す必要があります。

もちろん、すべての人に素晴らしいところが限りなくあるのですが、エンカレッジに慣れていない人がエンカレッジすると、ぎこちなくなることがあります。無理やり良い部分を誇張して褒めると、相手にウソがバレてしまうでしょう。相手が子供ならいいでしょうが、自信をなくした大人に声をかけるときには、わざとらしいエンカレッジはかえってマイナスになることもあります。

自己肯定感の低い人、すっかり自信を喪失している人、あるいは自信を失うことで生きる気力さえもなくしてしまった人。そういう人に対してはどのような言葉をかければいいのでしょうか。

フランス生まれの「ユマニチュード」というケア手法があります。認知症ケア、高齢者ケア、その他の介助・介護のために有効な手法と言われています。ここで大切にされている、**人間の尊厳に関わる言葉**を紹介しましょう。それは**「あなたがいてくれて良かった」**という言葉です。

この言葉は、その人の良い部分をエンカレッジしているわけではありません。良いとか悪いとかではなく、**その人の存在そのものを丸ごと肯定している言葉**です。「あなたがいてくれて良かった」に理由はありません。理由などなくても、ただ自分は生きているだけで価値があるんだ、そう感じたとき、その人のなかに自己肯定感の種が育っていくのです。

私はあるワークショップで、ユマニチュードを応用したチェックイン（ワークショップの導入部分）を試みたことがあります。そこには一〇〇人ほどの人が集まっていました。ほとんどが初対面の人たちです。ワークショップの初めに私はみんなに向かってこう言いました。

「両隣の人に向かって、こう言い合ってください。あなたがいてくれて良かったと」

初対面の人に向かって言うわけですから、初めのうちは誰もが照れくさそうにしていました。「そんなこと恥ずかしくてできないよ」と言う人もいました。それでも、とにかく両隣の人にそう声をかけてくださいと頼んだのです。一〇〇人の参加者たちは、仕方なく隣の人に「あなたがいてくれて良かった」と言います。

すると、ワークショップの雰囲気が明らかに変化しました。誰もが笑顔に変わり、隣同士の人の間に温かな空気が流れました。つまり、一〇〇人の幸せの場がそこには生まれたのです。

参加者の方々の正直な声が印象的でした。「最初は意味がわからないと思いましたが、やってみると、初めて会った人が愛《いと》おしく思え、とっても幸せな気持ちになりました」。

想像してみてください。「あなたなんか、生まれてこなければ良かった」。母親からそんな言葉を投げつけられて育った子供がいたとしたら、いったいその子の心はどんなふうに育つでしょうか。子供の心に自己肯定感など育つはずはありません。

一方で、「あなたが生まれてきてくれて、お母さんは本当に嬉しいよ。あなたが元気でいてくれるだけで十分なのよ」という言葉のなかで育った子供は、大人になってからもしっかりとした自信がもてるようになります。**自分の存在そのものを丸ごと認めてくれる人がこの世にいる。そんな自信は何ものにも代えがたいものです。**

幼い子供に対して、細かなことばかりに目を向ける親もいます。「どうしてちゃんと歯磨きができないの」「どうして早く服を着ることができないの」「どうして何度注意してもボタンを掛け違えるの」などなど。

歯磨きなんて放っておいてもそのうちできるようになります。大人になってボタンを掛け違えている人もいません。そんなどうでもいい細かなことを叱るのではなく、子供の存在そのものを認めてあげることが大切なのではないでしょうか。

これは会社においても同じです。部下の悪い部分ばかりを見つけようとする上司がいます。苦手な仕事を克服させてあげたいのかもしれませんが、その気持ちが伝わっていなければ、単にいじめているのと大差ありません。

一方でとても褒め上手な上司もいます。部下の良い部分を見つけて、そこを評価する。

部下にとってはとても嬉しいことです。もちろん、良いところを褒めるのではなく、ユマニチュードふうに存在の承認を行うのもお勧めです。上司から「君がいてくれて本当に良かった」と言われて、喜ばない部下はいません。

この一言は仕事の評価だけでなく、一人の人間としての部下を一〇〇％受け入れる言葉です。「あなたがいてくれて良かった」。この魔法の言葉が、たくさんの人たちを幸せにしてくれるのです。ぜひ皆さんも、心を込めて使ってみてください。

みんなが幸せな世界は可能か？

私は理系の職場から文理融合の大学院に移り、幸福学という新しい分野を立ち上げました。その理由の一つは、幸せのメカニズムを明らかにしたかったからです。曖昧《あいまい》で抽象的だった幸せという概念を、科学の世界に落とし込んでいきたい。人が幸せになるための考え方や手法を解き明かすことによって、より多くの人々を幸せにしたい。世界中の人たちが幸せな世界をつくりたい、世界平和を実現したい。これらが動機です。

あまりにも壮大で宗教のようだと思う人もいるでしょう。しかし、私は、一人の科学者として極めてまじめに考えているのです。想像してみてください。もしも世界中の人々が幸福感に溢れていたら。そこに無意味な争いは起きません。みんなが利他の心をもっていたら。そこには平和な空気が自然と生まれます。壮大でもなんでもありません。子供でもわかる、純粋で当たり前のことです。しかし、これまでの長い人類の歴史において、そんな平和を実現させた国や地域は存在しません。常にどこかで誰かが争っている。人間は、何千年も何万年もの間、大きな視点で考えることをついつい忘れた結果として、幸せな世界をつくりそびれてきたのではないでしょうか。

　世の中のすべての人が善人、つまりいい人であれば、その世界は平和なものになるでしょう。そんなことはあり得ないと言う人もいるでしょう。あるいは、すべての人が善人という社会は成立しないと言う人もいます。一定数の悪人がいるからこそ、社会というものは成立しているのだと。善人ばかりの社会などぬるま湯に浸《つ》かったような面白味のない世界だと。

　私はそうは思いません。みんなが善人で、しかもみんながみんなのために生き生きとやる気をもって生きる世界をありありと想像できます。想像できることは実現できるはずです。

実際に調査をしてみると、いわゆる**「悪人」は幸福度が低いことが明らか**です。まあ、ヒーローもののドラマじゃあるまいし、そもそも根っからの悪人なんていませんが、わかりやすいので悪人について考えてみましょう。

たとえ悪いことをしてお金を儲けたとしても、そこに大きな幸福感はありません。周囲から性格が悪いと思われている人の幸福度が低いこともわかっています。幸福度が高い人は性格のいい人なのです。つまり**社会のなかで「悪人」と思われている人たちは、言ってみればかわいそうな人**です。いつも攻撃的で怒ってばかりいたり、ずるいことばかりを考えていたりする。高圧的な態度をとっていても、実は自己肯定感が低く、幸福度も低いのです。そういう人たちは、社会の役に立たないと同時に不幸で短命で不健康な傾向があります。

もし、そういう人たちが幸せになる道筋を理解し、より良い人生のために歩み始めたら、きっと多くの「悪人」は「善人」になっていくでしょう。そして社会はどんどん平和で暮らしやすくなるでしょう。「悪人」ばかりではありません。自信を失いかけている人や挫折感を感じている人たちが幸せを目指せば、みんながもっている能力を発揮できます。すると、平和で心豊かな社会になっていくに違いありません。そんな世界を、みんなで目指すべきだと思いませんか。みんなが幸せになれると信じる社会をつくるべきだと思いませんか。

しかし、現代社会は競争社会だと言われます。競争からは格差が生まれます。私は、過度な競争社会は不幸な社会だと思います。

「勝ち組」「負け組」という表現があります。競争の結果、勝った人間は勝ち組として豊かになり、負けた人間は負け組として市場から立ち去る。そういう世界では、お互いに潰し合うことになりがちです。相手がどうなろうが関係ない。自分だけが勝ち残ればそれでいい。こういう不健全な競争が格差社会をつくります。不健全な戦いの究極が戦争です。

不健全な戦いをするのではなく、お互いを高め合うような競争をすべきです。「切磋琢磨《せっさたくま》」やスポーツマンシップの世界です。相手をぶっ潰すために勝ち負けを決めるのではなく、お互いを尊重しながら高め合えるような競争をすること。自分のことだけを考えるのではなく、常に相手を尊重・尊敬して行動する世界。みんなが調和的に生きる競争をすべきなのです。

世界中の人を幸せにすることなど不可能だ。そう考える人は少なくないかもしれませ

ん。もちろん私も、簡単ではないと思います。しかし、それは**けっして不可能なことではありません**。

伊那食品工業株式会社（以下、伊那食品）という会社があります。「かんてんぱぱ」という食品で有名な会社です。創業六十二年、社員数四七〇人ほどの企業です。私は何度か伊那食品に見学や取材に訪れたことがあります。これまでに、幸せな経営を行っているたくさんの会社を訪問してきましたが、伊那食品は最高峰の一つです。ここに行くと心が洗われると言っても、過言ではありません。

伊那食品の塚越寛最高顧問やその息子さんである塚越英弘社長から話をお聞きしました。最高顧問や社長が一番大切にしているものは何か、その質問に彼らは口を揃えて答えてくださいました。「もちろん社員たちです。一番大切なのは社員たちを幸せにすること。会社の利益はそのあとです」と。

この会社の会議には資料がありません。肩書きや立場に関係なく、みんなが自由な発言をしています。上から押しつけられる売り上げ目標もなく、社員たちはみんな主体的に仕事をしています。誰かにやらされているのではなく、自分自身が主人公となって仕事に取り組んでいるのです。そして、常に相手のことを考えています。取引先のこと、お客様のこと、そして自分以外の同僚たちのこと。利他の心が徹底しています。

会社で何か問題が生じたとき、すべての社員はそれを自分のこととして捉えます。もし会社が自分の家庭だとしたらどうするか。同僚や部下が自分の妻や子供だとしたらどうするか。自分の身に照らし合わせながら考えます。もちろんそれを率先しているのは最高顧問や社長なのですが、素晴らしいのは全員が自主的・主体的に考えて行動している点です。

この会社では、誰もが実に楽しそうに仕事をしています。職場の雰囲気は飾り気がなく明るい。この会社には「自己中」などという言葉はありません。四七〇人、すべての社員が幸せを感じながら仕事をしているのです。

すべての人間が幸せを感じながら、信頼関係を築いている。四七〇人というのは小さな集団かもしれません。しかし、この集団でできることが大きな集団でできないはずはない。集団の規模にかかわらず、メンバーの心がけ次第で平和な世界はつくれるはずだ。私はそう気づかされました。世界平和は不可能ではない。

学生時代、部活動のチームには一体感があったのではないでしょうか。あるいは学園祭や文化祭の活動、クラスでの活動でも、みんなが集団に対する自然な利他心をもち、互いに助け合いながら行動していた。その一体感は忘れることができないほどの幸せをもたらしてくれたのではないでしょうか。学生だった頃には、金銭的な利益とは無関係な純粋な活動に、ピュアな幸せを実現できていたのです。

ところが、社会に出た途端に、その一体感の素晴らしさを忘れていきます。思いやり・親切・利他の心をどこかに置き忘れて、会社の利益や自分の利益ばかりに目が行くようになっていく。それは言い換えれば、どんどん幸せから遠ざかっていくことです。残念ですが、そうなってしまう理由は、私たち現代人個々人のせいというよりも、これまでの人類が良かれと思ってつくってきた、現代の文明・文化・制度に潜む欠陥のせいだと思います。これからは、社会そのもののあり方を変えるべきだと思います。利益ファーストから、幸せファーストへ。

また、制度を変えるのには時間がかかるとしても、**一人ひとりにできることはあります**。まず、**身近な幸せに目を向ける**ことです。**一人ひとりの小さな行動が、少しずつ世界を変える**。そして、いつか、必ず、世界の幸せと平和が実現できる。これこそが、幸福学の研究から導き出された論理的帰結です。実際、先ほど例に挙げた伊那食品では理想郷を実現できているのですから、みんなが本気で目指せば、人類全体として幸せな社会を実現できない理由がありません。

2日目

自分の幸せの形を診断する

幸福度診断――今の幸福度はどれくらい？

あなたは今、幸せですか？　幸せは主観的なものだから、明確に答えられるものではない、と感じられるかもしれません。幸福感は曖昧なものだから、今の自分が幸せかどうかはなかなかわからない、という感覚です。

しかし、これまでに述べてきたように、幸福学の研究は進んでいます。今では年間一〇〇〇編くらいの研究が論文として発表されるような分野です。新しいことがどんどん明らかにされつつあります。アンケートにより幸福度を測る研究も進んでいます。

今ではあなた自身の幸福度を、ある程度アンケートにより知ることができるのです。それは、**自分自身を見つめ直すきっかけになります**。今の自分が幸せではないなら、その原因について考えるためのデータになります。データをもとに、少しだけものの考え方や見方を変えてみることで、幸せをつかむきっかけにもなるでしょう。

幸せについてのアンケートとは、要するに、幸福度診断です。いわば、健康診断のようなものです。健康診断を受けると、あなたの健康状態がいろいろな側面からわかりますよね。同様に、幸福度診断をすると、あなたの幸せの状態がいろいろな側面から理解できるというわけです。

では、さっそく、今のあなたの幸福度を測定してみましょう。

六二、六三ページに二八個の質問があります。Q1からQ28までのそれぞれの項目に答えてみてください。たとえば1の質問。「私は自分の人生に満足している」。

とてもそう思う（7点）
かなりそう思う（6点）
ややそう思う（5点）
どちらでもない（4点）
あまりそう思わない（3点）
ほとんどそう思わない（2点）
まったくそう思わない（1点）

七段階で今の自分に点数をつけて、□のなかに書き込んでみてください。あまりあれこ

Q13	人と信頼関係を構築するのは得意だ	□
Q14	他人とコミュニケーションすることは得意だ	□
Q15	様々な場面で、挑戦意欲を発揮している	□
Q16	物事を楽観的に捉えるほうだ	□
Q17	日頃、自分のペースで人と接したり過ごすことができている	□
Q18	エネルギッシュである	□
Q19	協調性がある	□
Q20	勤勉である	□
Q21	情緒が安定している	□
Q22	知的好奇心が強い	□
Q23	家は安心できる場所である	□
Q24	職場は温かい雰囲気に満ち溢れている	□
Q25	職場では新たなチャレンジを推奨している	□
Q26	自分や家族の収入に満足している	□
Q27	自分の社会での立場・地位に満足している	□
Q28	自分が今までに成し遂げたことに満足している	□

次の質問に関して、自分に当てはまる状況を次の7段階から選択し、□のなかに点数を書き込んでください。

7＝とてもそう思う　6＝かなりそう思う　5＝ややそう思う　4＝どちらでもない　3＝あまりそう思わない　2＝ほとんどそう思わない　1＝まったくそう思わない

Q1　私は自分の人生に満足している　□

Q2　最近2週間は、ワクワクした気分であった　□

Q3　物事を行うとき根本的な意味を考える　□

Q4　自分には強みがある　□

Q5　物事に没入して取り組むほうだ　□

Q6　物事や状況を思いっきり満喫する　□

Q7　様々なことを学んで成長したい　□

Q8　創造性は高いほうだ　□

Q9　自分のことが好きだ　□

Q10　世界中の様々なことに感謝している　□

Q11　人のために尽くしたいと思う　□

Q12　嫌なことも許容できるほうだ　□

れ考えすぎずに、直感で点数をつけていってもかまいません。

書き込めましたか？

実はこの質問は、幸福度に影響する二八項目を計測するためのものです。

この点数を六六ページの表に転記してみてください。参考値として全国平均の点数も示します（サンプル数七八七六、二〇一九年十月二十七日までのデータ）。

さらに、六七ページのレーダーチャートに書き込み、自分の幸福度の形を確認してください。

これらの項目は、すべて幸福度と正の相関があることを、私たちのグループが行った統計解析によって確認したものばかりです。いずれも幸せに寄与する項目というわけです。

なお、この二八項目は、株式会社はぴテック（太田雄介代表）と、私が代表理事を務める一般社団法人ウェルビーイングデザインが共同開発した「幸福度診断 Well-Being Circle」の一部です。本書は、綿密な幸福感を調べることを目的としてはいませんので、代表的な項目のみを選んで掲載しました。実際の「幸福度診断 Well-Being Circle」は、質問数が七二問。より詳しく幸せの形を診断できるようになっています。

フルバージョンの診断を行いたい方は、ウェブサイト（https://www.lp.well-being-circle.com/）をご覧ください。個人で診断したい場合には、無料で幸福度診断を行うことができます。「幸せのかたち」などのわかりやすい結果表示や、それぞれの特徴に応じた幸福度向上法も掲載していますので、ぜひウェブサイトにアクセスしてみてください。

また、企業・事業体内で部署ごとの分布を分析したり、結果に見合った改善を行うなどの業務用途のご利用をご希望の場合には、はぴテック、またはウェルビーイングデザインにお問い合わせいただければ幸いです。企業・事業体の様々な用途に応じて、対応させていただきます。

	カテゴリー	項目	質問	点数	平均
1	Well-Being	人生満足尺度	私は自分の人生に満足している		3.92
2		ポジティブ感情	最近2週間は、ワクワクした気分であった		3.65
3	やってみよう力	ビジョンを描く力	物事を行うとき根本的な意味を考える		4.59
4		強み力	自分には強みがある		4.16
5		没入力	物事に没入して取り組むほうだ		4.59
6		満喫力	物事や状況を思いっきり満喫する		4.26
7		成長意欲	様々なことを学んで成長したい		5.01
8		創造力	創造性は高いほうだ		4.17
9		自己肯定力	自分のことが好きだ		4.15
10	ありがとう力	感謝力	世界中の様々なことに感謝している		4.43
11		利他力	人のために尽くしたいと思う		4.58
12		許容力	嫌なことも許容できるほうだ		4.12
13		信頼関係構築力	人と信頼関係を構築するのは得意だ		4.10
14		コミュニケーション能力	他人とコミュニケーションすることは得意だ		4.09
15	なんとかなる力	挑戦力	様々な場面で、挑戦意欲を発揮している		4.01
16		楽観力	物事を楽観的に捉えるほうだ		4.20
17	ありのまま力	マイペース力	日頃、自分のペースで人と接したり過ごすことができている		4.34
18	Big Five 性格傾向	エネルギッシュ力	エネルギッシュである		3.83
19		フレンドリー力	協調性がある		4.49
20		まじめ力	勤勉である		4.17
21		情緒安定力	情緒が安定している		4.16
22		おもしろがり力	知的好奇心が強い		4.78
23	社会の幸せ力	安心・安全な家	家は安心できる場所である		4.53
24	職場の幸せ力	安心・安全な職場	職場は温かい雰囲気に満ち溢れている		4.28
25		チャレンジを推奨する雰囲気	職場では新たなチャレンジを推奨している		4.21
26	地位財	収入力	自分や家族の収入に満足している		3.51
27		社会的地位	自分の社会での立場・地位に満足している		3.66
28		実績	自分が今までに成し遂げたことに満足している		3.86

幸福度診断のレーダーチャート

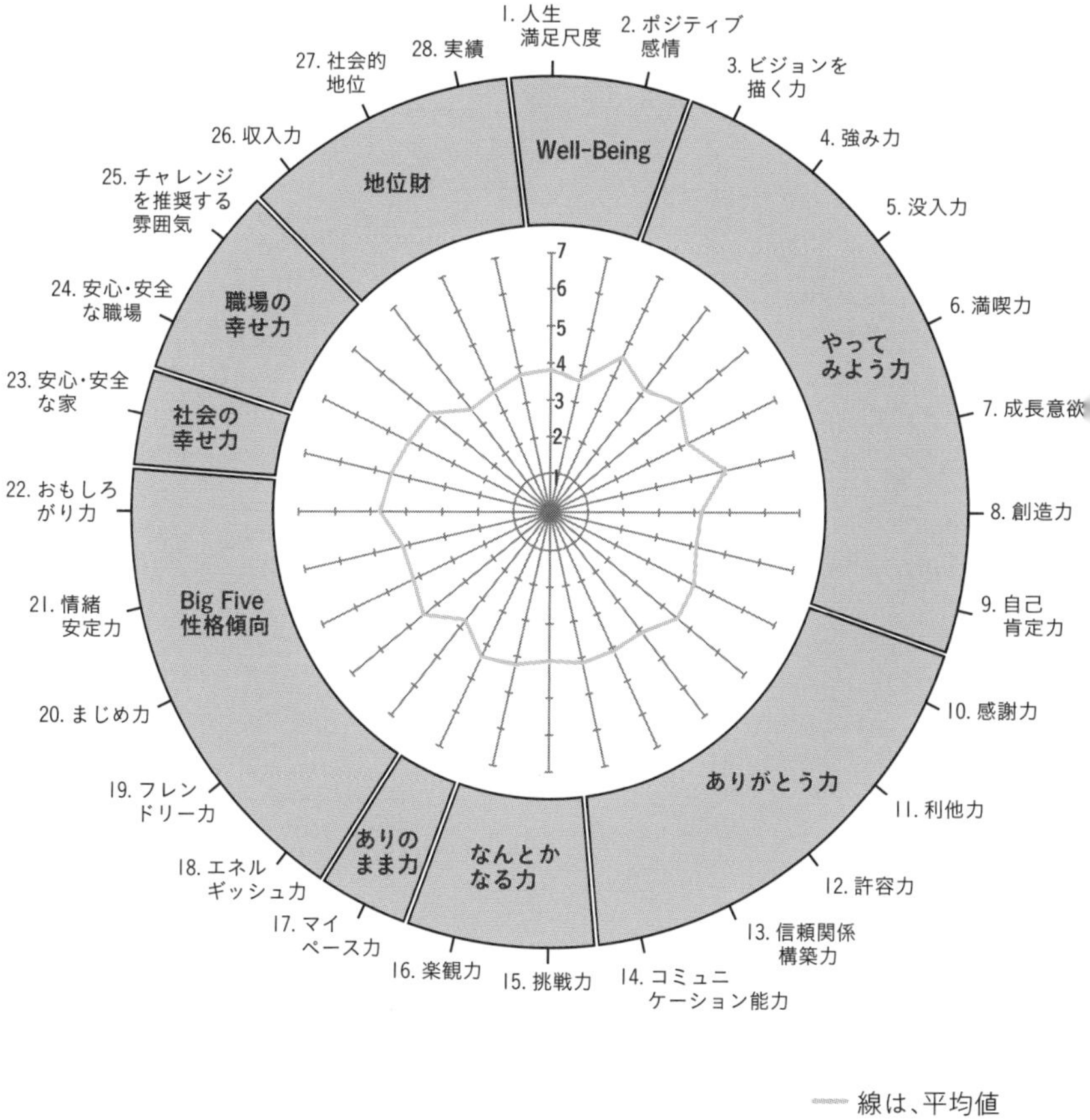
1. 人生満足尺度
2. ポジティブ感情
3. ビジョンを描く力
4. 強み力
5. 没入力
6. 満喫力
7. 成長意欲
8. 創造力
9. 自己肯定力
10. 感謝力
11. 利他力
12. 許容力
13. 信頼関係構築力
14. コミュニケーション能力
15. 挑戦力
16. 楽観力
17. マイペース力
18. エネルギッシュ力
19. フレンドリー力
20. まじめ力
21. 情緒安定力
22. おもしろがり力
23. 安心・安全な家
24. 安心・安全な職場
25. チャレンジを推奨する雰囲気
26. 収入力
27. 社会的地位
28. 実績
Well-Being
やってみよう力
ありがとう力
なんとかなる力
ありのまま力
Big Five 性格傾向
社会の幸せ力
職場の幸せ力
地位財
1
2
3
4
5
6
7
線は、平均値

ここからは、この表で示した幸福度に影響する二八個の項目〜幸福度診断 Well-Being Circle 短縮版〜を構成するカテゴリーについて説明していきます。幸せにはどんな項目が影響するのか、その概要を大まかにつかんでください。

長期・短期の幸福感を測る

まずは「**Well-Being**」。これは言わば**幸せの総合指標**です。つまり、この値《あたい》が全体としての幸福度を表しています。

幸せを時間軸で見たとき、そこには二種類の幸せがあります。一つは人生における長いスパンで見た幸福感（人生満足尺度）です。たとえば自分の人生を振り返り、「いろいろあったけど、幸せな人生だったな」と思うときの幸せ。一つひとつの出来事の幸・不幸を見るのではなく、人生という長い時間のなかでの幸せに目を向ける。そういう幸福感です。

そして**もう一つは、タイムスパンの短い幸せ（ポジティブ感情）**です。今日という一日はとても楽しいことに満ち溢れていた。本当に幸せな時間を過ごすことができた。「ああ、楽しかったなあ」、思わずそう呟《つぶや》いてしまうような幸せ。言葉にすれば「ハッピーな出来事」というようなニュアンスです。

このように、幸福感には、大きく分けると長い時間軸のなかで感じられるものと、短い時間のなかで味わう幸せとがあります。どちらも、私たちの幸福度に影響しています。淡々とした日々のなかにも幸せはありますし、特別な一日のなかにもハッピーは宿っている。それらを総合したのが「Well-Being」です。

具体的には、長期的な人生の満足は、イリノイ大学のエド・ディーナー名誉教授による人生満足尺度ＳＷＬＳ（Satisfaction with Life Scale）の一部を、短期的な幸せ（ポジティブ感情）は日本語版ＰＡＮＡＳ（Positive and Negative Affect Schedule）の一部を用いました。

「金持ちは幸せ」という間違い

前項で述べたように、幸福感には時間軸で分けると二種類があります。人生という長いスパンで感じる幸せと、今がハッピーと感じるタイムスパンの短い幸せ。時間軸の長短に基づく幸せの分類です。

幸福感には別の分類もあります。その一つは、**他人と比べられるか否かという分類。**

経済学者のロバート・フランクが、**「地位財」と「非地位財」という概念を定義**しました。

「地位財」とは、他人と比較できる財のことです。具体的に言えば、所得や社会的な地位、あるいは実際に手に入れた「もの」を表します。いわゆる、金・もの・地位です。

現代人にとって、金・もの・地位は重要でしょう。収入が増えていけば、それなりに幸福感も上がっていくでしょう。会社のなかで評価されて出世したときにも、幸福感を感じるでしょう。みんなが羨むような高価な車を買ったときにも、満足感を得ることができるかもしれません。

このような物質的な地位財が私たちに幸せを与えてくれることは否定できません。ただし、地位財は、他人との比較によって生じるものです。**地位財による幸せは長続きしない**ことが知られています。

たとえば、年収が一億円になったとしても、周りにいる人たちが同じように一億円を稼いでいれば、そこには幸福感は生まれにくいことが知られています。あるいは自分が部長になったとしても、同期の人間たちが役員になっていけば、それもまた幸福感にはつながりにくいでしょう。要するに、**地位財とは確たるものではなく、相対的に感じるもの**なのです。

もしも人の幸せが地位財に比例するとしたら、お金持ちはみんな幸せだということになります。お金を少ししか持っていない人は例外なく不幸せだということになる。あるいは年収が五〇〇〇万円の人は、年収が五〇〇万円の人よりも一〇倍幸せだということになります。しかし現実にはそうではありません。

たとえお金をたくさん持っていなくて、ぎりぎりの生活をしていても、日々幸せを感じながら暮らしている人はたくさんいます。反対に、お金は余るほど持っているけれど、いつも不満を抱えているという人もいる。要するに**幸福感は地位財だけに左右されるものではない**ということなのです。

ノーベル経済学賞を受賞したダニエル・カーネマン教授の有名な行動経済学研究があります。年収が七万五〇〇〇ドルを超えると年収と幸福感の相関関係が薄れていくという、アメリカでの研究結果です。七万五〇〇〇ドルとは、日本円で言えば八〇〇万円を少し超えるくらいでしょうか。年収三〇〇万円の人が五〇〇万円に上がれば、そこには大きな幸福感が生まれます。しかし八〇〇万円くらいを境にして、年収と幸福感との相関関係は薄れていくのです。

つまり、年収が一〇〇〇万円の人が二〇〇〇万円になったとしても、そこには二倍の幸福感は生まれません。

お金が人を幸せにするのは、欠乏を解消するときだけなのです。貧しいときは、収入が増えると幸せになる。これは、個人でも、国家でもそうです。しかし、ある程度の収入を得るようになったら、お金の幸せへの寄与率はどんどん下がっていくというわけです。

これに対し、**非地位財とは、他人と比較できない財**です。たとえば健康、愛情、あるいは自分の心が感じている満足感。誰かと比べて得るものではない財。これらは、長続きする幸せにつながることが知られています。

幸せになるための四つの心的要因

地位財は具体的に他人と比べることができます。目に見えるものですからわかりやすい。一方、非地位財のほうは目に見えません。それぞれの人が感じることですから、明確に表しにくい。しかし、非地位財のほうが長続きする幸せに寄与するのですから、幸福学を研究するに当たっては、非地位財の正体を明らかにする必要があります。

いったいどのようなものが私たちの心に幸せを運んでくれるのか。それを見つけるべく、私は、非地位財のうち心のありように関する様々な要因について、八七個の質問をつくりました。その調査を、インターネットを通じて、一五〇〇人以上の人たちに実行したのです。そして、そのアンケート調査を因子分析という手法で分析した結果、非地位財のうち、心的要因に関する因子が四つに集約されました。

私はその四つの因子を「やってみよう因子」「ありがとう因子」「なんとかなる因子」「ありのまま因子」と名付けました。それぞれの因子について簡単に説明しましょう。

一つ目は、「やってみよう因子」。自己実現と成長の因子です。

自己実現を目指している人。自分自身、成長しようと頑張っている人。そして、強みをもっている人。そういう人は幸福度が高いことがわかっています。

ここで言う自己実現は、素晴らしい評価や結果に限りません。自分自身が主体的に物事に取り組んでいる姿勢が関係します。自分がやりたいと思っていた仕事に従事している人や、自分がもっている強みを十分に発揮できている人。夢や目標に向かって頑張っている人。そんなワクワクした人の脳内にはドーパミンという物質が出てきます。それが、この「やってみよう因子」の正体です。つまり、この因子はドーパミン型の幸せと言えるでしょう。

二つ目の**「ありがとう因子」**は**つながりと感謝の因子**です。

私たちは、自分が喜んでいるときよりも、自分が何かをしてあげたことによって誰かが喜んでくれたとき、他人の喜ぶ顔を見たときに、深い幸福感を得る傾向があります。

自分は一人で生きているわけではない。誰かとつながりながら生きている。そのつながりを感じたとき、なんとも言えない幸福感に包まれるのです。ほんわかとした幸せを感じる。それは愛情ホルモンと言われる、セロトニン・オキシトシン型の幸せです。ありがとうと感謝する気持ちが、大きく幸福感に寄与しているのです。

三つ目の**「なんとかなる因子」**とは、**前向きさと楽観性の因子**です。

楽観的でポジティブな人。細かいことを気にしない人。失敗することを恐れずにチャレンジをしようとする人。こういう人は幸福度が高い傾向があります。

楽観的というと、なんとなくいい加減な人と思われるかもしれません。会社の仕事も適当にしているとか。しかし、ここで言う楽観性とはそういう意味ではありません。

たとえば、アスリートたちは、競技をしている最中は、ものすごく集中しています。「負けたらどうしよう」などという余計なことを考えず、競技に集中している。そして競技が終わった瞬間に、スーッと力が抜けていく。やるだけのことをやった後では、結果にはこだわらない。たとえ結果が悪くても、また次にチャレンジすればいいと考えます。

それこそが、ここで言うところの楽観性です。いい加減という意味ではなく、目一杯の集中と充実感を信じる前向きな境地です。

そして四つ目が、**「ありのまま因子」**。**独立と自分らしさの因子**です。

人の目ばかりを気にするのではなく、自分らしく生きている。誰かと自分を比べすぎず、自分の軸をもっていて、それに従って行動できる。そういう人の幸福度は高いことが知られています。

これは、単なるわがままではありません。あくまでも自分自身の理想の姿を思い描きながら、信念をもって生きるということです。周りと協調しながらも、自分自身の人生を歩んでいる。自分の人生の主人公は自分だ、その思いをいつももっているということです。

この「幸せの四つの因子」については、拙著『幸せのメカニズム』（講談社現代新書）に詳しく述べてあるので、さらに学びたい方はこちらをお読みいただければ幸いです。

「Big Five」で自分の性格を知る

表の18から22の項目を見てください。**「Big Five（ビッグ・ファイブ）性格傾向」**です。性格が幸福感に影響することは想像できるのではないでしょうか。何かアンラッキーなことが起こったとしても、大したことはないと楽観的に考える人がいます。反対に小さなことでも気に病んでしまう人もいる。それは性格の違いです。私たちの分析の結果、**性格は幸福度を左右することが明らかになっています**。

性格は、先天的な気質と後天的に獲得された性質からなります。大雑把《おおざっぱ》に言って、**性格は半分くらいは後天的に変えることができます**。**自らの意志で変えていくことが可能**なのです。どうせ自分の性格は消極的で引っ込み思案だと思うのではなく、努力によって変えられると考えてください。つまり、自分の意志で性格の違いに基づく幸福度を上げることは十分にできるのです。そのために自分の性格を把握しておくこと、長所と短所を知っておくことが重要です。この指標は、それを知るためのものです。

この分析は、「ビッグ・ファイブ」（五因子性格検査）という心理学の分野では有名な分析に基づいています。人間がもつ性格特性は大きく五つに分けられるというものです。世の中にはたくさんの強み診断、特徴診断がありますが、現時点で私たち研究者が最も信頼しているのはビッグ・ファイブです。その五つを紹介しましょう。もともとこの研究は英語圏でつくられたものですから、その言葉を日本語にする際にはいろいろな訳語がつけられていますが、ここでは代表的なもの（と私が命名したわかりやすい名称）を用いました。

一番目は**外向性（エネルギッシュ力）**です。**物事に対し臆病になったりすることなく、気後れしないで話ができたりする性格**。ただし、外向的であれば良いというものではありません。極端な外向性は、時には衝動的だと捉えられたりもするでしょう。悪い表現をすれば無謀とも言えます。

二番目は**協調性（フレンドリー力）**。**誰に対しても親切にできるような性格**だと、自然と周りにたくさんの人が集まってきます。それが結果として幸福感を生み出すことになる。協調性は社会で生きていく上で大切な要素です。ただし、これも度を越すと、気を使いすぎて自分のほうが疲れてしまうことにもなりかねません。また、協調性が強すぎる人は他人に追従しがちになるとも考えられています。

三番目は**統御性・勤勉性（まじめ力）**です。**何かを最後までやり抜く力。諦めない粘り強い性格。**これが低い人は根気がなく、飽きっぽい性格と言えるでしょう。逆に、あまりにも統御性が強すぎると、それは強迫観念につながっていきます。

四番目は、**情緒安定性（情緒安定力）**。**何か起きても、動揺しない。感情的になることがなく、物事を客観的に眺めることができる。**情緒安定性が強ければ、一定の幸福感を保つことができます。「ああ、自分はなんて不幸な人間なんだ」と嘆いてばかりいる人。そういう情緒不安定な人は、自らの性格によって不幸になっているという面もあるのです。逆に、情緒が安定しすぎると、無感動で能面的、人間味のない人にもなりかねません。

そして五番目の性格が**開放性・知性（おもしろがり力）**です。**物事の本質をつかむ力。常に本質を見つめようとする意識。**そういう性格が強いと、常に自分自身と周囲で起きている物事を俯瞰《ふかん》することができます。権威や伝統、あるいは悪しき習慣などに惑わされることなく、しっかりと自身の足で立つことができる。こうした強さもまた、幸福度を高めてくれるのです。ただし、これも強すぎると、落ち着きがなかったり、他人への配慮が足りなかったりするとも言われています。

つまり、ビッグ・ファイブはある程度高いと幸せなので、高めることを目指すといいでしょう。ただし、どれも高すぎるのも考えもの。結局は、バランスが大事なのです。性格だけに、誰にも凸凹《でこぼこ》があります。それでいいのです。自分はビッグ・ファイブのどれが高く、どれが低いのかを把握し、やみくもに高めることばかりを目指さずに、自分のなかにある特性を大切にしてください。

自分はこれが高いが、これは低い。おもしろいではないか。低い点を少し内省して、ちょっと伸ばそうかな、とワクワクするのはOKです。幸福度を高めますから。しかし、ああ、自分はここが低いのか、と悲観するのはNGです。幸福度を下げますから。

しつこいようですが、もう一度強調しておきます。性格には、個人差と多様性があります。それ自体が、素敵です。**ビッグ・ファイブを知る目的は、あなたの個性の素晴らしさを知ることであって、あなたのダメな点を知るためではありません。**ぜひ、良い点に着目し、それを愛おしく思い、楽しんでください。どれも世界に一つだけの、かけがえのないあなただけの特徴なのですから。

職場と家庭環境、幸福度により影響するのはどっち？

さて、24と25は、「職場の幸せ力」という項目です。どうして職場に限った項目を挙げたかというと、職場での幸福感が人生の幸福感に大きく影響することが知られているからです。私たちは学校を卒業してから、四十年、五十年にわたって社会のなかで仕事をします。多くの人が、長い人生において最も多くの時間を費やすのが仕事でしょう。職場での幸福感が人生のそれに影響するのは当然です。

実際、**配偶者よりも職場の上司のほうが幸福感に影響を及ぼすという研究結果もあります**。つまり、夫や妻とは多少食い違いがあってもなんとかなるけれど、上司と食い違いがあると、それは大きなストレスになるようなのです。反対に妻が優しくしてくれるより、上司から優しい言葉をかけられるほうが、幸福度に影響するのかもしれないのです。特に、日本人は欧米人に比べると会社にいる時間が長い傾向がありますので、職場での幸・不幸が人生の幸せに大きな影響を与えることは明らかです。

とはいえ、職場だけでなく、もちろん23の項目の家庭や社会が安心できる場であるということも重要な要素です。家族と信頼関係ができていたり、住んでいる場所の安全が確保されている。身も心も休める場があるかどうかということは、やはり幸福度に影響します。

自分の幸せの形を再確認する

さて、幸福度診断のレーダーチャートの形はどのようになりましたか？

もちろん各項目の点数が高い人のほうが幸福度は高い傾向にあります。ただし、この**アンケートは点数が高ければいいというものではありません**。

前にも述べましたが、たとえば、「ビッグ・ファイブ性格傾向」のすべてが高ければいいというものではないのです。

エネルギッシュであるのは良いことですが、それがあまり強すぎれば多動や落ち着きのなさにつながることもあります。常にエネルギーに溢れている人は、ある意味では躁《そう》状態みたいなところがありますので、周りの人に迷惑をかけることもあるでしょう。世間で言うところの「熱すぎて鬱陶《うっとう》しい奴」と思われてしまうこともあるかもしれません。

また、フレンドリーであることは人づきあいにおいて大切なことです。しかし、フレンドリーすぎる人は、他人に対して過干渉になりがちです。本人は良かれと思ってやっているのでしょうが、干渉されるほうからすれば「放っておいてくれ」となってしまいます。

初対面にもかかわらず、すぐに馴《な》れ馴れしい態度をとる人がいます。これはフレンドリー力が高すぎる人です。すぐに打ち解けた雰囲気になり、たった一度の出会いだけでまるで親友みたいになる。そういう人との関係は意外と長くは続かないものです。すぐに仲良くなるけれど、すぐに忘れてしまう。そんな一面ももっているのです。

情緒が安定していることも大切なことです。しかし、あまりにも安定しすぎてしまうと、どこか冷淡な感じになってしまいます。どんなときも情緒が安定していて、何があっても落ち着いていられる。そんな人間よりも、時には情緒の安定が崩れて、素の感情が見えたほうが人間らしかったりもします。

こうして見てみると、それぞれの項目の点数が高いほど良いとは言えないことがわかるでしょう。また、この幸福度診断は、国によって結果が異なります。アメリカ人は、どちらかというと点数が高く出ます。彼らのもつプラス思考や自信は日本人よりも高く、前向きな傾向があります。「俺に任せておけ！」「失敗なんか恐れずにバンバンいこうぜ！」というタイプの人が多い。だから、点数は高めに答える傾向があるようです。

それに比べて日本人は自分を抑えようとします。日本人は、自分を抑制することに美意識を感じる文化的特徴をもっているからです。点数が高いことを美徳と考えない結果、低めに答える傾向があるのです。

「7点の項目など一つもなかった」。この診断を行った多くの人がそう言います。これこそがバランスのとれた日本人の感覚かもしれません。逆に、点数を高くつける人もいますが、そういう自己肯定感の高い人も、それはそれでOK。要するに、多様性です。低めにつけても、高めにつけてもOK。**全体として、日本人の平均値に対して高いか低いかを見るためのものではありません。**

では、この**幸福度診断はなんのためにあるのでしょう**。答えは、**「自分の幸福度」の形を測るための一つの方法**です。全国平均は、単なる目安です。

全体としてのレーダーチャートの形を眺めてみてください。5点や6点の項目もあれば、2点、3点をつけた項目もあるでしょう。レーダーチャートにすれば、バランスのいい形にはならない。どこか凸凹《でこぼこ》とした形が出来上がっている。それでいいのです。その凸凹した形を見て、自分を振り返ってみてください。ここは高いが、ここは低い。なかなか個性的でおもしろい人間ではないか。

もちろん、あまり凹凸のない、丸いレーダーチャートになる人もいるでしょう。それもまたOKです。自分はバランスがとれているんだなあと思えばいい。

つまり、この**二八項目の幸福度診断は、あなたが幸せになるためのヒントを得るためのものの**なのです。

では、自分が高めたいと思う力をどのように伸ばしていけばいいのか、また、心持ちをどのように変えていけばいいのか。その考え方を具体的に解説していきましょう。

3日目

四つの心の力を知る

誰もが幸せになりたいと願っています。ではどうすれば幸せになれるのでしょう。ここでは六六ページの表に示した、「やってみよう力」「ありがとう力」「なんとかなる力」「ありのまま力」の四つの因子に関連する力について説明しましょう。

ビジョンを描く力

視点が変わると世界は変わる

何か物事を行うときに、その根本的な意味を考える力。目先のことにとらわれるのではなく、未来に目を向ける力。それがビジョン力です。

ピーター・ドラッカーの『マネジメント』に載っている三人の石切り職人の話があります。彼らは来る日も来る日も、ひたすら石を切るという作業をしています。それは重労働で、へとへとになるくらい疲れ果てている。

「いったい何をしているんですか?」と聞かれて、

一人目は、「賃金のために石を切っているんだ」

二人目は、「石切りという最高の仕事をしているんだ」

三人目は、「教会を建てているんだ」

と答えました。

同じことをしていても、「いったいなんのために自分はこんな辛い仕事をしているのか」と不満を抱えながら日々を送っているのは苦しいことです。

三人目の職人は、「教会を建てる」という目的をもち、数百年も残っていく建造物をつくっているという意識があるのです。

私は、ドラッカーの話に四人目の石切り職人を付け加えたいと思います。

四人目の石切り職人は答えました。「みんなの幸せのために、教会をつくっているんだ」と。

こういう人は、さらに想像力が高いと思いませんか。

つまり、今やっている仕事の未来へのビジョンをもっていること。しかも、なるべく具体的に。毎日石を切るという仕事は単純労働です。しかしこの仕事はやがて大きな歴史をつくることになる。そういう視点をもったとき、彼の心から「やらされ感」が消えて、代わりに使命感が生まれてくるのです。それはとても幸せなことです。

会社の仕事内容と幸福度の関係を分析すると、事務職の人たちの幸福度が低いという結果が出ています。きっとそれは、ルーチンワークが多い仕事のなかにビジョンを見いだしづらい人が多いからでしょう。他の社員へのサポート業務が多いなかで、「いったい自分は何をやっているのだろうか」とふと考えたりすることもあるかもしれません。

そこにビジョンを見いだしてください。今、自分がやっているデータ入力が、会社運営のなかでどのように役に立っているか。この綿密な作業の積み重ねが、どれほど会社の未来に貢献しているか。そこに思いを馳《は》せたとき、これまでの仕事が輝きをもってくるのです。

目先のことにとらわれないで、現在の延長線上にある未来に目を向けること。そんなビジョン力を養ってください。

特に、四人目の石切り職人のように、「あなたの仕事が人々の幸せにいかに寄与しているか」に思いを馳せてみてください。職業に貴賤《きせん》はありません。すべての仕事は、人々の幸せに寄与しているのです。

強み力

「自分のなか」に小さな自信を育てていく

自分に強みをもっている人、またその自分の強みを認識できている人。そういう人は幸福度が高い傾向があります。反対に自分のことを卑下する人もいます。自分なんてなんの取り柄もないし、他人に自慢できるような強みなんかない。そう考えている人の幸福度は低い傾向があります。これは想像に難《かた》くないでしょう。

強みをもっていれば、その強みを活かして物事に取り組むことができます。それが個性にもつながっていきます。まずは**自分自身のなかにある強みを見つけることが大切**です。

強みというと、なんとなく大きなものを想像し、難しいと感じる人もいるかもしれません。確かに大きな強みがあるにこしたことはありませんが、**自信を生むためには、まずは小さな強みでかまいません**。

また、その強みを短期間で身につけようとしなくてもかまいません。ゆっくりと時間をかけて自分の強みをつくっていけばいいのです。十年かかったって、いいではないですか。少なくとも十年努力を続けられる粘り強さがあなたの強みになるのですから。

あるワークショップで「あなたの強みを書き出してみてください」と言ったところ、さっと書き出せる人が少なかったことに驚いたことがあります。日本人独特の謙虚さもありますが、多くの人は強みとは大きくて明確なものでなければ表明しにくいと思い込んでいるようです。

そこで、「では、隣にいる友人の強みを書いてください」と言うと、みんなサラサラと友人の強みを書き始めました。「とても我慢強い」「笑顔が素敵で周りを明るくしてくれる」「約束は絶対に守ってくれる」などなど次々と強みが出てきます。このように、あなたの強みを、周りの人とのコミュニケーションのなかから見つけていくやり方がお勧めです。

「笑顔が素敵だ」。これだけで実は強みなのです。我慢強さや粘り強さも、また大きな強みです。こうした、**自分がもっている小さな強みに気づいてください**。何もその強みをひけらかす必要はありません。**強みとは他人に対して自慢するものではなく、自分自身の心に自信を芽生えさせるためのもの**なのです。

没入力

我を忘れて夢中になれる「何か」を見つける

「フロー」「ゾーン」という言葉があります。これは強烈な没入のことを指します。アスリートの世界で「ゾーンに入った」などという表現を使いますが、「ゾーン状態」に入ることでパフォーマンスが上がることは科学的にも検証されています。また、没入力の強い人のほうが飽きっぽい人よりも幸福度が高いこともわかっています。

勉強、仕事、趣味などに集中したとき、時間がとても早く経ったという感覚を味わったことはありませんか。仕事をしていてふと時計を見ると、もう一時間も経っていた。自分としてはまだ三十分くらいの感覚なのに、あっという間に時間が過ぎていた。これは集中力が高まっていた証拠。つまり、勉強、仕事、趣味に没入していたということです。そして、その**没入していた時間が充実感を生み、それが強みや幸福感へと結びついていく**のです。

昔も今も、没入が苦手な人はいます。自分には没入できるものがないという人もいます。そんな人に私は言います。「なんでもいいからやってみてはどうでしょう。新しい世界を見ることで何かが見つかると思いますよ」と。

しかし、やってみないで判断する人が少なくありません。「いや、それには興味がありません」「今は時間がないから無理です」と。

私は大学で教員をしています。多くの学生は大学に入るために受験勉強に没入してきたはずです。しかし入学後に没入できるものが見つかっていないという学生が少なくない。大学に合格しただけで満足してしまっているのです。もったいないですね。みんなに没入できることを見つけてほしいと切に願います。

さて、没入力の高い人のほうが飽きっぽい人よりも幸福度が高いと述べましたが、飽きっぽい人にも二種類あります。

あることに没頭していたけど、それにはすぐに飽きて次のものを探そうとするというタイプの飽きっぽさ。飽きっぽくて次々と新しいものに手を出すような人々です。これは良い飽きっぽさだと思います。

幸福度を低めるのは、二つ目のタイプ。飽きてしまった後に何もしたくないと感じるような、倦怠《けんたい》感に包まれた飽きっぽさです。飽きた、だるい、やる気がしない、というような。

いつもワクワクすることを探してください。**没入力を生み出すカギの一つは好奇心**です。

満喫力

喜びや楽しさは、思いっきり味わう

物事や状況を満喫することができる人。そういう人は幸福度が高い傾向があります。

たとえば、仕事がうまく運んだとしましょう。思った通りにうまくいった。そのときに「やったー、よく頑張ったな」と仕事の成功を満喫する人がいます。たとえ満喫している時間は短くても、素直に喜べる人は幸せです。

その一方で、うまくいっても喜びを表さない人もいます。「うまくいって当たり前だ。いちいち喜ぶことではない」「仕事上のことで取り乱すのはかっこわるい」などとクールに構えている。残念ながらそういうタイプの人は幸福度が低いという結果が出ているのです。

「僕はできるだけ感動しないようにしています」と言う学生がいました。どうしてかと尋ねると、「いちいち喜んだり悲しんだりして、自分の感情を表に出すことが嫌だからです。自分が一喜一憂している姿を人前にさらしたくないからです」。日本的な発想だと思いました。

確かに日本人には感情を表に出さない美意識があります。たとえば、相撲《すもう》では勝っても喜びを表に出しません。感情を表に出しすぎるのは、はしたないと考えます。その美意識も理解できますが、幸福学から見ると、**感情は素直に表現したほうが幸福度が高い**のです。状況には配慮しながらも、素直に喜びを表現をすることをお勧めします。

せっかく遊園地に来たのに、楽しそうにしない人がいます。ジェットコースターに乗っていても、声一つ出すことがない。いったい楽しいのかどうかもわからない。これでは幸せは遠のいてしまいます。楽しむために遊園地に来ているのですから、そこではジェットコースターを満喫したほうがいいですよね。大声で叫んだって、涙を流したっていいじゃないですか。「ああ、すごかった」とお互いに言い合うところに、幸福感の共有があるのです。

人間には喜怒哀楽という感情があります。もちろん怒りや悲しみといった負の感情は、

時と場合によっては抑えたほうがいいこともありますが、喜びや楽しさという感情は、満喫することをお勧めします。おもしろかったり楽しかったりしたときは、抑えるよりも笑ったほうがいいですよね。笑うことをやめて、しかめっ面《つら》ばかりしていると、顔の筋肉が衰えていきます。まるで能面のような表情しかできなくなる。それでは、自分も周りも幸福度が下がってしまいます。

楽しいことや嬉しいことがあったとき、素直にそれを満喫しましょう。恥ずかしくもなんともありません。その満喫している笑顔が、あなたやあなたの周りの人々を幸せにするのです。

成長意欲

変化を恐れずに一歩前へ進んでみる

自分自身を成長させることは、幸せにつながります。それはとても簡単な構図です。成長するためには努力をする必要があります。自分を高めるために一生懸命に学ぶことが重要です。ただし、受動的に「学ばねばならない」では幸せではありません。自ら生き生き、ワクワクと学ぶこと。学びたいという衝動から学ぶこと。そんな積極的な学びは没入力につながります。もちろん、学んだ結果として強みも手に入る。**成長とは、それ自体が総合的な幸福の源泉**と言ってもいいでしょう。

成長を実感するためには、ある種のバロメーターが必要かもしれません。自分自身で成長したことを実感するのが一番いいのですが、客観的な評価も大切です。そういう意味では、成長のバロメーターとして地位財を求めるのも、度が過ぎなければ悪くないと思います。

仕事の能力を成長させることで、会社でのポジションが上がる。あるいは成長が評価されてボーナスが上がる。これらは成長を実感するための動機となるでしょう。自分への地位財的なご褒美のことを、外発的動機といいます。ただし、前にも述べたように、地位財に基づく幸せは長続きしません。

成長の本質的な目的は地位財の獲得ではありません。成長の目的は、内発的動機、すなわち、心の底から湧き上がってくる成長欲求や貢献意欲に基づく非地位財型であるほうが、長続きする幸せにつながります。人間とは日々変化する存在です。昨日の自分と今日の自分は同じではない。たとえ一歩でも前に進むこと。それこそが幸せだと気づくことが重要です。幸せは、求めた結果として得られるものではなく、それを求めている過程にこそあるのだという言葉があります。幸せを求める過程とは、成長する過程に他なりません。

成長とは、変化するということです。もちろん意図しないような変化に見舞われることもあるでしょう。良い変化ばかりではなく、なかには落とし穴に陥るような負の変化もあるでしょう。それも、幸せへの道です。落とし穴もまた学びです。成長をもたらしてくれます。

自分自身を成長させると、そこには環境の変化が待っています。成長するにしたがって、出会う人は変わります。置かれた環境も変化します。

私自身、そのことを身をもって経験しました。自分が成長し、より本質的な仕事をできるようになるにつれ、私の世界はどんどん広がっていきました。新たな出会いもありました。

そして世界が広がると、また新たに学ぶべきことが現れます。新たな課題を前にしたとき、さらに成長したいという欲求が湧き上がってきます。常に成長意欲をもちながら生きること自体が幸せだと、私自身、身をもって感じています。

創造力

小さなチャレンジが日常に変化を生み出す

何かを創造したり、自分の力で何か新しいものを生み出すと、そこには大きな喜びがあります。創造に挑むことは、人間としての本能みたいなものなのです。

私は「美しいものをつくる人は幸せである」という研究をしたことがあります。

人は誰もが美しいものに惹《ひ》かれます。美しい絵画を鑑賞することで幸せな気持ちになります。しかし、アンケート調査の結果、さらに幸福感を感じているのは、鑑賞するよりも絵を描いている人たちだったのです。もちろん例外はあるとしても、美しいものをつくっている人たちは幸福度が高かった。それは、絵画でも、音楽でも、ダンスでも、料理でも、美しいものを創造する人は、総じて幸福度が高かったのです。

創造は芸術に限りません。企業のなかにいる技術者もまた、日々、斬新なものを生み出そうとしています。もちろんその試みが成功すれば最高ですが、もし成功しなかったとしても、創造に没頭している時間は幸せを感じていることでしょう。またルーチンワークが多い社員も、これまでの慣習に縛られることなく新しい方法を生み出そうと考えていたら、日々の仕事のなかに喜びを見いだしていると言えるでしょう。「毎日同じことの繰り返しでつまらない」と文句を言っている社員よりも、創造や工夫にチャレンジしている社員のほうが、幸福度は高いのです。

創造力というと、なんとなく大げさな感じを受けるかもしれません。特別な才能がなければできないものだと。そうではありません。小さなことでもいいのです。日常生活のなかで、ちょっとした工夫をしてみたり、小さなチャレンジをしてみることです。

たとえば、思いつきで新しい料理を創造してみる。カレーに納豆を入れてみたり、ラーメンにチーズを溶かしてみたり……。悪戯《いたずら》心みたいなものです。そして、「これはマズイな。この料理は失敗だ」でもいいのです。楽しいし、笑えるじゃないですか。あれこれ工夫する発想や、その行動、そしてそれを満喫することが大事なのです。ちょっとした創造力が、日常生活のなかに変化を生み出してくれます。

故スティーブ・ジョブズも言いました。

"Stay hungry, stay foolish."
「馬鹿馬鹿しいことをやり続けよう」「貪欲にやり続けよう」。これこそが、創造です。

自己肯定力

幸せを遠ざける「口癖」「謙虚癖」を断つ

自己肯定感とは、自分のことを自分自身が肯定できる感情のこと。**自分がもっている良い部分に目を向け、悪い部分についてもポジティブに捉える。**たとえば気が利かないという欠点があったら、それは他のことに集中しているから気づかないのだと考える。時間を守れないという欠点があったら、細かいことを気にしない大らかさだと捉える。たとえ不得意なことがあっても、そんなものは得意なことでカバーできると信じる。根拠のあるポジティブ発想をできる人が、自己肯定力の高い人です。そしてこの**自己肯定力こそが、幸福度に直結する大切な要素の一つ**なのです。

ところが残念なことに、日本人はこの自己肯定力が低いというデータがあります。小学生のときにアメリカンスクールに通っていた日系人の方がこんな話をしていました。

「アメリカンスクールでは、将来何になりたいかと聞かれると、ほとんどの子供は大統領になると答えていた。ところが小学校五年生のときに日本の学校に移ったのですが、日本人の場合は、夢がない、見つかっていないという子供が多い。見つかっている子も、お菓子屋さんだとかバスの運転手さんなどを将来の夢に挙げる生徒が多かった。お菓子屋さんや運転手さんが悪いわけではないのですが、どうして日本人はもっと大きな夢をもたないのだろうと思ったものです」と。

アメリカ人の自己評価は非常に高いです。彼らは子供の頃、自分は何にでもなれると信じています。大統領にだって経営者にだってなれる。自分にはそれができると。彼らは冗談ではなく本当にそう信じているのです。

ある意味で、それは羨ましい気質だと思います。それに比べて日本人は、謙虚すぎるほどに自分のことを卑下したりします。「私にはとてもできません」「私の力量はせいぜいこれくらいです」と。

前にも述べましたが、日本人の謙虚さには美徳という面もあります。わざわざ自分のことをひけらかすのは下品だと私も思います。しかし、もともと謙虚さとは、強さとセットでした。武士道を極め、生き方に自信をもった武士が、同時に謙虚であるというような、心を磨いた境地。つまり、自己肯定力は高くもち、しかも謙虚であるというのが理想だと思います。ですから、謙虚さとは別に、自己評価を高くするべきだと思います。「どうせ自分なんて」と口にした途端、夢は遠のいていくものです。そしてそれが口癖になれば、幸せもまた遠のいていきます。

ですから、**自己肯定力を高めるための練習法の一つとして、「どうせ自分なんて」「私なんてまだまだ」「ダメだと思うんですが」「まだ全然できていないんですけど」などの必要以上の謙虚な表現は、一旦やめてみることをお勧めします。**ネガティブな表現をまったく使わなくても会話はできます。

謙虚な表現は、大成功した人だけが使えばいい。ものすごく利他的で社会課題の解決のために献身的、かつピュアに邁進している株式会社ボーダレス・ジャパンの田口一成さんが、「自分なんて、まだまだですよ」とおっしゃっているのをお聞きして、感動したことがあります。こんなにすごい人なのに謙虚で居続けるんだ、と涙が出てきました。

自己肯定力の高い人の謙虚さには感動があります。自己肯定力の低い人の謙虚さは、痛々しいだけです。それは不要です。感動的なまでに成功するまで、自己肯定力を下げたり無用なネガティブ表現をするのは、もうやめませんか。

感謝力

毎日三つ「小さな感謝」を見つける

自分を取り巻く人たちに感謝の気持ちをもつ。そんな習慣を身につけることで幸福度は高くなっていきます。皆さんの周りにも感謝する相手がたくさんいることでしょう。両親への感謝、学校の恩師や先輩への感謝など、感謝する相手はいくらでもいるものです。もっと考えてみると、お客様、後輩、世界中の人、世界中の動植物、工業製品、太陽、宇宙、すべてのもののおかげで私たちは今ここにいるのですから、感謝の対象はたくさんあります。いや、ビッグバンで宇宙ができた瞬間から現在までの百三十八億年間のすべてのものとエネルギーと出来事が、感謝の対象だというべきでしょう。

しかし感謝の気持ちは、日々の忙しさのなかでついつい忘れてしまいます。毎日両親に対して感謝の気持ちを思い出す人は多くないかもしれません。いつもは忘れているけれど、何かのきっかけで感謝の気持ちを思い出したりするものです。

感謝とは、想像力なのです。日々に感謝の気持ちをもつように心がけてみませんか。

「一日のなかで三つ、感謝できることを書き出してください」。これは、ポジティブ心理学のセリグマン博士が提唱した「感謝のワーク」です。

最初は「一日に三つも感謝することなどないよ」と言う人もいますが、そんなことはありません。大きなことから小さなことまで、様々なことに目を向ければ、私は、先ほども述べたように宇宙のすべての事柄に対して何時間も延々と感謝し続けることができます。

そんなに宇宙規模にならなくても、「今日は同僚がランチの時間にいろいろなヒントをくれた。ありがとう」「今日も時間通りに職場に着くことができた。電車の運転手さんに感謝しよう」「家への帰り道に花屋さんが笑顔で挨拶してくれた。その気持ちに感謝だ」などなど、ちょっと考えただけでも感謝することは数え切れないくらいあるものです。

実はこういう**感謝の習慣をつけることで、脳が勝手に感謝を探すようになってきます。小さなことに目を向けて、ありがたいと脳が感じるようになる。そして感謝の気持ちが芽生えたとき、脳内ではセロトニンやオキシトシンという「幸せ物質」が分泌される**のです。

また、感謝の心をもつことによって、物欲が減るという研究結果も出ています。物欲が増すと、心にストレスを抱えることになりがちです。このストレスを感謝の心が抑えてくれる。「ありがたいな」という気持ちこそが、幸せへの入り口になっているのです。

「ありがたい」は「有り難い」と書きます。起こりにくい（有り難い）ことが起きている、ということです。百三十八億年という悠久の年月のなかで、たまたま現代に生まれ、奇跡的に出会った様々な人やもの。有り難いことではないですか。感謝しかありません。

利他力

自分を大切にしつつ、相手のことを考える

利他の精神。相手の利になることを考える。仏教の教えにもあるこの利他の精神をもつことで、自己中心的な考え方が薄れていきます。そのことによって周りとの関係性が良くなり、結果としてみんなが幸せになる。明白です。

しかし、この利他の精神を少し誤解している人もいます。自分のことよりも相手のこと

を考えるという誤解。これが行きすぎると、自己犠牲になってしまいます。

たとえば、看護師さんや介護職に携わる人のなかには、利他の心が強すぎて、自分をおざなりにしてしまう人がいます。「自分は無理をして身体を壊してもかまわない。とにかくこの患者さんやお年寄りを助けたい」と。

素晴らしく美しい心のように思えますが、これではバーンアウト（燃え尽き症候群）や共依存（依存症者に必要とされることで自分の存在価値を見いだしている状態）になるリスクがあることが知られています。**自らをも幸せにしてこそ、誰かのために尽くすことができる。もし目の前の人を助けたとしても、自分が犠牲になったとしたら、それでは世界は幸せになりません。みんなが幸せであることが必要**なのです。

利他の精神についてのもう一つの誤解は、利他は偽善的・お説教的だという誤解です。利他というと、上から押しつけられているように感じる人はいませんか。「社会に貢献しなさい」「他人に優しくしなさい」「思いやりの心をもちなさい」と道徳や倫理学の授業で説教くさく言われると、きれいごとはうんざりと感じてしまう人もいるかもしれません。

本来、利他は、主体的・自己決定的であるべきです。心の底から、人々のために、あるいは、家族のために、職場の人々のために、何かしてあげたいという気持ちが湧いてきている人が幸せな人なのです。

心の底からの利他心が湧いてきていない人は、まだ心が未熟な状態なのだと思います。

ではどうすれば利他心は育つのでしょうか。三つのヒントを述べましょう。

一つには、前の項目で述べた感謝がカギになると思います。私が今、ここにいるのは周りのみんなのおかげ、と心の底から感謝できれば、次には、周りのみんなのために何か恩返ししたい、という気持ちが湧き上がってくるはずです。

二つ目。よく知られた方法は、無理やりいいことをすることです。お金を自分のために使うよりも他人のために使うほうが幸福度が高まったという実験結果があります。特に利他心が発達していなくても、他人のために利他的にお金を使っていると、利他心が育ち、幸福度が高まったのだと考えられます。お金に限りません。ボランティア活動に参加してみる、他人に親切にしてみるなど、利他的な行為をすると、利他心が育まれることが知られています。

三つ目は、自分が行っている様々なことが、他の人の役に立っていると想像する力を高めること。ビジョンを描く力のところで述べた四人目の石切り職人を思い出してみてください。「みんなの幸せのために、教会をつくっているんだ」と思いながら石を切っていたら、それは利他です。すべての仕事は誰かの役に立っている。嬉しいなあ。こう思う想像力があれば、あなたの利他心は育っています。少しでも想像できたとしたら、あなたの心のなかにはすでに利他心が育っているということなのです。

仏教では、「自利利他円満」ともいいます。石切りという仕事は、賃金を得るという自利（自分の利益）と、みんなを幸せにするという利他とが、丸く満ちている。自分はどちらも同時にやっているのだと思う心。これこそが、バランスのとれた利他心なのです。

許容力

“〇〇のせい”を裁ち切り、今の自分を受け入れる

他人を許容する力。現代社会では、この力が低下していないでしょうか。SNSでは他人の悪口が横行しています。自分の心が満足していないことへのはけ口として誰かを攻撃する。ちょっとしたことに怒りを覚え、絶対に許せないと怒りをぶつける。自分には関係のないことにまで口を挟み、誰かを血祭りに上げなくては気が済まない。

個人レベルだけではありません。一国の大統領や国家主席が、自国のこと、自分のことばかりを考え、他の国への怒りを露《あら》わにする。大国のトップとは、もっと寛容で世界全体のことを考えるものではないでしょうか。

どうしてこのような社会になってしまったのでしょう。原因の一つは、現代の世界が抱える閉塞《へいそく》感にあるのではないかと思います。経済も良くならない。未来に対する夢ももてない。格差社会はどんどん進んでいく。地球環境破壊は待ったなしである。さらに、先の読めないウイルスが蔓延している。世の中、困難だらけです。

こんなとき、ビジョンを描く力や想像力、創造力のない人は、その不満を誰かのせいにしたくなります。お金がないのは自分のせいではなくて社会のせいだ。会社が何もしてくれないから自分はどんどん不幸になっていくんだ。他人や社会に責任を押しつけることで、自分自身を正当化してしまいます。

どんなに悪いことが起きたとしても、半分は自分のせいなのです。反対に突然、幸運が巡ってきたとしても、それもまた半分は自分のそれまでの頑張りによるものなのです。自分が一〇〇%正しいということなどありません。誰かが一〇〇%悪いということもありません。

社会の出来事はすべて、自分自身と周りの人間とが織りなす糸のようなものです。逆に自分を許せないという人もいますが、自分の過ちや欠点も許容できるといいですね。

このように、自分の周りの人々と、自分自身を許容することが大切です。「目には目を、歯には歯を」という報復の連鎖を断ち切るためには、許容と寛容しかありません。

すべてを許容することが難しかったら、まずは半分許容することから始めてみてください。許せないことや不満があったとしても、その半分を許容することです。それができれば、今の二倍幸せになれると思います。もちろん、すべてを許容できれば、さらに幸せになれます。

信頼関係
構築力

信頼関係の輪を広げていく

今、あなたは、周りの人とどんな信頼関係を築いているでしょうか。あなたは、周りの人からどれくらい信頼されていますか。あるいは、心から信頼できる人がどれくらいいますか。それによって幸福度は違ってきます。言うまでもなく、周りの人と信頼関係を築いている人は幸せを感じていますし、反対に信頼関係が希薄な人は幸せを感じることが少ないでしょう。

どうして信頼関係が幸福度と関係するのでしょうか。**信頼関係があれば、人間関係の悩みが起きにくいですし、困ったときに助け合うこともできます。**ですから、**すべての人と信頼関係を構築するのが理想**です。先ほどの許容と同じです。すべてを許容するのが理想であるように、すべての人と信頼関係を築くのが理想です。

とはいえ、関わる人々すべてと信頼関係を構築するのは難しいという人も少なくないでしょう。人間関係には好き嫌いが生まれがちです。理由はないけれど、どうしてもつきあいたいとは思えない。そういう人もいるかもしれません。

職場のなかにも、あまり関わりたくない人がいるかもしれません。本当は、そういう人とも対話を重ねて、仲良くなるのが一番です。どうしてもそうできないという人は、**表面的なつきあいをするというのも次善策**でしょう。

私たちが抱えるストレスのなかで最も多いのが、人間関係によるストレスだと言われています。この人とは深く関わっていかねばならない、信頼関係を築かなければならない、しかしどうしてもそれができない。それが大きなストレスになっていきます。それなら、あまり深く関わらないというのも一つの解決策でしょう。

ただし、弱いつながりも幸せのために重要だという研究結果があります。社会関係資本（つながりという基盤）に関する研究によると、弱い紐帯《ちゅうたい》（つながり）が重要なようなのです。ですから、苦手な人や嫌いな人がいたとしても、その人との関係を遮断するのではなく、少し距離を置いてつきあうのも工夫の一つでしょう。しつこいようですが、一番いいのは、よく話し合って、その人の良さを見つけ、仲良くなることではありますが。

「把手共行《はしゅきょうこう》」という禅の言葉があります。苦しいときも悲しいときも、共に分かち合って人生を歩める者がいることが大切だという教えです。

そういう意味で、**信頼関係を構築する力というのは、どの人とどんな関係を結べばよいのかを見極める力だと言ってもいい**でしょう。そして、多くの人と信頼関係を結ぶためのカギは、すべての人は素晴らしい、すべての人の個性や特徴には素晴らしい面があると考える、許容と寛容の心だと思います。

コミュニケーション能力

人と人をつなぐための道具を使いこなす

一見すると信頼関係構築力と同様だと思えるかもしれませんが、**コミュニケーション能力とは、言わば対話力のこと**です。**人間関係を築くためのテクニック**と言ってもよいでしょう。つまり、信頼関係を構築するための道具となるのが対話力なのです。

私は以前、「コミュニケーション」という授業をしていたことがあります。そこで教えることの一つは、スムーズに対話をするためのスキルです。たとえば、スキルの例の一つは、「会話をするときには、まずは結論から話し始めること」。だらだらと前段階を話しても相手の興味を引きつけることは困難です。対話力のない人は、前置きや本題とは関係のない話が長すぎる傾向があります。

また、結論をしっかりと伝えると同時に、情熱を伝えることが大事です。あまりにも客観的で冷静な言葉だけでは、相手の心には響きません。自分はこう思っているんだという感情的な部分も加えて伝えることが大事なのです。

表現の仕方にも配慮すべき点がたくさんあります。たとえば、ネガティブな言い方はできるだけやめたほうがいい。また上から目線の命令口調は、相手の反感を買ってしまいます。

たとえば、部下に仕事の指示をするときにも、「おい君！　これをやっておいてくれ！」という言い方をするのではなく、「一つ頼みごとがあるんだけど、いいだろうか」と言う。同じ仕事を頼むにしても、言葉の使い方次第で部下のやる気は違ってきます。部下が「はい！　やらせてください！」と元気に返事をすれば、お互いに幸せな気分になれるでしょう。

ウィリアム・アイザックスが述べた四つの対話の心得も大切です。傾聴（真剣に聴くこと）、判断保留（すぐに判断せずに聴くこと）、尊重（相手の発言を尊重・尊敬すること）、発言（上の三つに気をつけた上で、言いにくいことや耳の痛いことも素直に声に出すこと）の四つです。

このように、人間関係を円滑にしていくためには、コミュニケーションのテクニックを習得し、そのスキルを高めることが重要なのです。コミュニケーションが上手な人ほど、幸福度は高い傾向があります。

コミュニケーションが大切なのは、パートナーとの関係でも同じです。

近年は結婚する人がどんどん減っています。その上、離婚率が増加し、子供の数も減っていくばかり。若い人たちに聞くと、「別に結婚しなくてもいいと思っています」「パートナーがいなくても楽しく過ごしています」と言う人が増えているように感じます。

結婚しない人が増えている原因の一つとして、コミュニケーション能力の低下があるように思います。異性のことを好きになる感情がなくなるとは考えにくい。だとすれば、好きだという気持ちを伝えるのが苦手な人が増えているのではないでしょうか。そして、傷つきたくないという怖《おそ》れから「結婚しても幸せになれるとは思えません。第一、結婚はコストパフォーマンスが悪い」と自分に言い訳をしているのではないでしょうか。

もちろん、多様な価値観や生き方があり、結婚という形がすべてではありません。それに、結婚は幸せなことばかりではないでしょう。うまくいかないこともあれば、喧嘩をすることもあります。パートナーに合わせることがストレスになることもあるでしょう。それでも、結婚はお互いを思いやる心を育ててくれます。子供が生まれれば、自分のことは後回しにしてでも我が子のことを考えるようになる。

つまり、パートナーや家族との関係構築は、職場での関係構築と並んで、コミュニケーション能力や人間力を伸ばすための方法であるといえるでしょう。

挑戦力

「とりあえずやってみる」の精神で飛び込む

自分の強みを見つけることが幸せにつながる、と前に述べました。強みを見つける方法はただ一つ。それはやってみることです。**成功するかどうかはわからなくても、とにかく行動しなければ何も始まりません。挑戦して成功したり失敗したりする。その経験のなかで自分の強みや弱みがわかってくる。何かを行うことで人は成長する**のです。

最初は自信なんてなくてもいいと思います。とにかく挑戦する力のある人にはエネルギーがあります。そのエネルギーが他の人の心を引きつけることにもつながります。

アメリカの若者たちは、チャレンジ精神に溢れています。チャレンジ精神が幸せにつながることをよくわかっているかのようです。一九九〇年代に、私はアメリカに留学していました。そのとき、就職に対する価値観が明らかに日本とは違うと感じたものです。

大学のなかで優秀な成績を修めた学生は、はたしてどのような就職先を選択するのか。当時の日本では、一流と言われる大企業を希望する学生がほとんどでした。ところがアメリカの学生は違っていました。

まず、最も優秀な学生たちは起業を目指します。安定した大企業に行くのではなく、自分の力でビジネスを始めようとします。次に優秀な学生たちは、大企業ではなくあえて小さな企業を選択します。今は小さな会社だが、自分が入ってその会社を大きくしてやろうと考えるからです。その次に優秀な学生は、企業に行くのではなく大学に残って研究者への道を歩みます。そして最後に残った学生たちが、いわゆる大企業へと就職していくのです。

もちろんすべての学生がそのような選択をするわけではないでしょうが、当時、私が出会った学生たちの意識はそうでした。彼らのもつチャレンジ精神には圧倒されるばかりでした。

あれから三十年。ようやく日本も、当時のアメリカのような風潮が出てきたと感じます。仕事でも、恋愛でも、趣味でも、社会貢献活動でもいい。ぜひ、挑戦してください。皆さんは、何に挑戦しますか。一度きりの人生、**自分にとって何が幸せなのか**。**その答え**

を見つけるために、最も大切なことの一つは、エネルギッシュに挑戦し続けることです。

楽観力

たくさんの不幸をひっくり返してしまう最強カード

幸福度を高める要因には何があるのか。幸福学はその要因を突き止めるための学問です。もちろん要因は一つではありません。様々な要因が複雑に作用しながら幸福感は形成されています。

私は、幸福学の研究を始めた初期の頃、独自に幸せに影響する項目のチェックリストを作成していました。性格はどのようなものなのか。自尊心は高いのか低いのか。感謝する人なのかどうか。心配事があるのかないのか。人間関係はうまくいっているのか。信頼できる友達の数は多いのか少ないのか。幸せの輪郭を探すべくチェックリストをつくりました。そしてそれを学生たちにチェックしてもらっていたのです。

すると一人の女子学生がこんなことを言いました。「チェックリストをやってみると、私はほとんどのチェック項目に当てはまりません。幸せになる要因を満たしていません。でも、楽観的という項目だけは満たしているんです」と。その女子学生はいつも楽しく幸せそうにしていました。何か失敗をしても、悩みがあったとしても、いつも笑顔を絶やすことがありません。彼女の大学院での研究テーマは「笑顔」でした。

幸せの要因をほとんど満たしていなくても、楽観的な性格や考え方が強ければ、それだけで幸福度は高くなります。楽観力の高い人はこう考えます。

「収入は少ないけれど、まあなんとかなるだろう」「友達は少ないけれど、そのうち増えるだろう」「今は悩みを抱えているけれど、それもいつかは解決するだろう」と。

不幸せの原因を抱えていても、そんなことをいちいち気にしません。まさに「なんくるないさ」の気持ちで楽しく生きているのです。考えてみれば、楽観力というのはカードで言えばジョーカーみたいなものです。たくさんの不幸のカードを、この一枚でひっくり返してしまうのですから。

さて、**楽観力はどこから生まれてくるのでしょうか。**一つには、**「曖昧さ」というキーワードが関係していそうです。**日本人はこの「曖昧さ」という気質をうまく活かしてきたのだと私は考えます。

欧米では二者択一の考え方が強いように思います。善か悪か、美しいか醜いか、正しいか間違いか、成功か失敗か。どちらかにはっきりと決めようとする価値観があります。それは、一神教と関係していると考えられます。一神教の世界では、信じるか信じないかが明確です。一神教徒にとっては、曖昧な宗教観はあり得ないのです。

ところが日本人のもつ宗教観は曖昧です。クリスマスになれば讃美歌を歌い、お正月には神社にお参りし、親族が亡くなればお寺でお見送りをする。いったいどの宗教を信じているのかわからない。「自然のなかに神様や仏様が宿っている。道端に転がっている石にさえ神様がいる。森羅万象《しんらばんしょう》こそが宗教なのだ」と。なんとも曖昧です。

しかし、このいい加減さや曖昧さのなかに日本人は幸せを見いだしてきたとも考えられないでしょうか。たとえば会社のなかにも、なかなか結論を言わない上司がいたりします。どちらの方法が良いかを聞いても、「まあ、どちらでもいいんじゃないか」という言い方をする。その曖昧な物言いに戸惑うこともあるでしょうが、それは反面、高度なリーダーシップではないかとも思います。

どちらかに決めつけないで曖昧にすることで、発想の幅は大きく広がっていきます。そしてそれが多様性にもつながっていく。敵と味方、正解と間違い、善と悪を決めつけすぎないことが、寛容にもつながっていると言うべきでしょう。
「どちらでもいいんじゃないか」という言葉の裏側には、「どちらを選んで失敗しても、まあなんとかなるよ」という意味が潜んでいるのです。楽観力は、社会の潤滑油としても重要な役割を果たしているのではないでしょうか。

マイペース力

「自分らしさ」と「自己中」は似て非なるもの

マイペースな人は、どんな人だと思いますか？　現代日本では、「あの人はマイペースだから」という表現をあまり良くない意味で使うことがあります。つまり、「自己中心的」「空気が読めない」、あるいは「のんびりやさん」というような意味で。しかし、**ここで言う「マイペース力」**は、そのようなニュアンスではなく、言い換えれば**「あるがまま力」「自分らしさ力」ないしは「自分軸をもつ力」ということ**なのです。

村社会で生きてきたかつての日本人は、他人の目を気にする習慣が身についていました。村のなかではみんなと同じようにしなければならない。自分だけ違うことをすれば村八分になってしまう。波風を立てないで周りと同調して生きることが重要です。

もちろん村の掟《おきて》は守らねばなりません。目上の人に反対することは許されない。自分勝手な行動は村人の和を乱すのでご法度《はっと》です。

これに対し、「和して同ぜず」という言葉があります。**生きている社会とは和を保ちながらも、そこに呑み込まれるのではなく、自分らしさは失わないという生き方**。そんな生き方こそが本来の「マイペース力」なのです。

「ありのままに生きるということは、自己中になるのではないですか？」という質問をよく受けます。そのとき私は「和して同ぜずということです」と答えます。幸福学で言うなら、「和して」は「利他力や人間関係構築力」、「同ぜず」が「マイペース力」です。「わがまま」と「ありのまま」は、文字としては似ていますが、まったく異なるのです。

日本人が陥りがちな悪い癖は、とにかく比較をすることです。他の誰かと自分を比べる。収入を比べたり、出世の早さを比べたり、所有する車のグレードを比較したりする。ひどい場合には我が子と隣の子供を比べたりします。「隣の○○ちゃんは成績も良くて運動もできるのに、それに比べてうちの子は……」と。小さい頃からいつも誰かと比べられて育った子供は、大人になってからも人と自分を比べる、「マイペース力」の弱い人間になってしまうでしょう。

もちろん、**すべての比較をやめることは簡単ではない**でしょう。**人間はつい誰かと比べたがる生き物**です。また、誰かと比べることによって奮起することもあります。しかし、比較の結果妬《ねた》んだり悔しがったり、逆に優越感を感じるようなことはやめるべきなのです。

「幸せ比べ」はしないほうがいいのです。そもそも、幸せは他人と比べるものではありませんし、比べようのないものなのです。**「幸せ比べ」をしている限り、本当の幸福感を得ることはできません。**「幸せ比べ」から心を解放してくれる一番の要因が、この「マイペース力」なのです。

4日目

性格と環境を整える

幸せに影響を及ぼすのは幸せの四つの因子だけではありません。性格特性や環境によっても幸せの感じ方は大きく変わります。そして、目に見える地位財をバランスよく求めることで得られる幸福感もあります。

五つの性格特性については、七六ページの「『Big Five』で自分の性格を知る」の項でも述べましたが、ここではもう少し詳しく述べましょう。

本書では、自分の性格を客観的に眺めるためにビッグ・ファイブを紹介しました。自分の性格を振り返り、どの部分が強くてどの部分が弱いのか。そして、どの性格をさらに強化すれば幸せに近づくのか。そういう視点で見ていただければ幸いです。

たとえば、内向的な性格だからといって、それがすなわち悪いというわけではありません。内向的な人は職人肌ですから、地道な仕事に向いています。素晴らしい技術や作品を生み出すのもこういう内向的な人が多い。外向的な性格は一見すると良いように捉えられますが、そこには外向的であるがゆえの欠点もあります。

したがって、性格に関しての調査は、反対の性格を否定するものではないことにご注意の上、読み進めてください。

エネルギッシュ力

「本当にやりたいもの」の見つけ方

「エネルギッシュ力」は、「挑戦力」や「満喫力」「没入力」とある程度関連しています。**「エネルギッシュ力」を高めるためには、まず自分がエネルギーを注げるような何かを見つけること**です。

整理整頓のプロとして世界的にも有名になった「こんまりさん」。彼女はこう言います。「ときめきを感じないものは捨ててください。ときめくものだけを残すようにすることです」と。まさに「エネルギッシュ」もこれと同じだと思います。**いろいろなことをやってみて、そのなかで自分の心がときめくものを見つけていくこと。**やってみた結果、ときめかなかったことを続ける必要はありません。自分の心が喜ぶものに目を向けるべきです。

それをどうやって探すのかがわからない、という人もいるでしょう。そういう人には、図書館や書店に行くことをお勧めします。図書館には数万冊という書籍があります。そこには人類の叡智《えいち》が詰まっています。

今から二十五年前、私が慶應義塾大学に赴任してきたとき、研究テーマを考えるために毎日大学の図書館に通いました。隅から隅まで本を眺めました。そして、気になったものを手に取る。眺めていると、たくさんの「ときめき」を見つけることができました。たとえば、ふと目に入ってきた仏像の本。最初は仏像になど興味がなくても、ページをめくっていると、どんどん仏像の魅力にはまっていく。そこで全国の仏像を巡ることを目標にしたりする。こんなふうです。図書館や書店での本との出合いは、想定外の「ときめき」と出合うことなのです。

「エネルギッシュ力」を養うためには、ともかく行動することです。**すべてのことは経験しなければ見えてきません。**デスクに座っているだけでは何も始まらないのです。

大学の機械工学科に入学してくる学生たちを見ていてびっくりすることがあります。私たちが学生の頃は、機械工学科を志望する学生は例にもれず子供の頃からプラモデルなどのものづくりが大好きでした。プラモデルづくりや機械いじりが大好き。それがエネルギーとなって機械工学の道に入ったものです。ところが最近の学生のなかには「機械には興味がありません」と堂々と言う学生がいます。

「ではどうして機械工学科を選択したの？」と尋ねると、「就職に有利だから、大企業の研究者になりたいからです」と答える。ものづくりへの「ときめき」がないのに、ものづくりの学科に進んで楽しいのだろうかと思ってしまいます。うまく大企業の研究者になれたとしても、そこでエネルギッシュに仕事をしていけるのでしょうか。

もちろん、プラモデルには興味がないけれども、バーチャルリアリティーにはものすごく興味があるというように、ものづくりに限らず、機械工学の何かにときめいている人なら、新しいタイプの機械技術者になる可能性もあるでしょう。ここで述べたいのは、「機械いじりが好きでない者は機械工学科には来るな」ではなく、機械工学のうちの何かにときめいた上で機械工学科に来てほしいということです。もちろん、他の学問でも、他の仕事でも同様です。

ただし、これまでの学生のなかには、「自動車には興味がありません」と入社面接で言って自動車会社を落ちた学生もいましたし、「タバコには興味がありません」と言ってタバコの会社に入った学生もいましたので、ステレオタイプのことを言いすぎるつもりはありません。お伝えしたいことは、型にはまらなくてもいいし、なんでもいいから、ときめいて行動してほしいということです。

「好きこそものの上手なれ」という言葉があるように、自分の気持ちがときめくようなことにこそ、エネルギッシュになれるのです。自分の性格や心とよく相談しながら、「これだ！」というものを見つけられるよう、心から応援しています。

フレンドリーカ

思い切って誰かと対話する

フレンドリーという言葉を聞いて、皆さんはどのような印象をもちますか。話しかけやすい、すぐに打ち解けた関係になれる、笑顔が素敵だ、などなど。おそらくは良い印象が浮かんでくると思います。人間関係において、このフレンドリー力はとても有効で重要なものです。フレンドリー力の高い人は、上手に人間関係を築くことができますし、その幅もどんどん広がっていきます。それは幸せへとつながっていくのです。

さて、自分はフレンドリーとは言えないと思っている人もいるでしょう。別に人づきあいがうまくなくてもいい、私は一人でいることが好きなのだと。もちろんフレンドリーでなくても、幸せを感じながら生きている人はたくさんいるでしょう。これがなければ不幸になるというものではありません。

ただし、**一人でいることが好きだと言う人には、二通りのタイプの人がいます。**

一つ目はいわゆる**職人気質の人で、自分のなかで物事が完結できるタイプの人**です。こういう人には、誰かと親しくなりたいと思わない理由があります。誰かと一緒にいるよりも、自分にはやるべきことがあるからです。こういう人は無理をしてフレンドリーになる必要はないと思います。なぜなら、そもそも人間関係のなかに幸福感を求めていないからです。

もう一つのタイプは、**人間関係に自信がないという人**です。過去に人づきあいで傷ついたり、あるいは上手に他人とつきあうことができなかったり、そんなマイナスの経験から一人の殻に閉じこもってしまう。本当はいろいろな人と接したいのに自分なんかどうせフレンドリーになれない、という自己肯定感の低いタイプです。もともと日本人は引っ込み思案な傾向が強いですから、こういう人は多いかもしれません。

「お一人様」という言葉が流行《はや》っています。一人でいるほうが気楽でいい、というのも一理あります。前者のタイプなら、どうぞ、お一人様を満喫してください。しかし、後者のタイプだったら、少しずつでいいので、誰かと一緒にいる時間を増やしてください。

「孤独は幸せの敵」ということも研究によってわかっています。一人でいるのもいいけれど、**思い切って誰かと話をすることが重要**です。上手に話せなくてもかまわない。たとえ会話が苦手で下手だったとしても、たくさんの会話を経験するうちに自然と上達するものです。話すことを怖がって黙ってばかりでは、いつまで経ってもフレンドリー力は身につきません。

人間関係の基本は、お互いに会って話をすることです。その実体験の繰り返しによってフレンドリー力は磨かれていく。最近では、実際に会わず、SNSなどでコミュニケーションをとることが多くなってきました。もちろん親しい友人と連絡をとるツールとしてはいいでしょう。

メールで考えていることや意思が伝われば、それでいいではないか。そう考える人もいると思います。ただし、メールで「元気ですか」と送るのと、実際にお互いの顔を見ながら「元気だった?」と言い合うのとでは、情報量が一〇〇倍も一〇〇〇倍も違ってきます。

「まあ、元気にやっていたよ」という言葉のなかにも、相手の表情や言葉のニュアンスによって「元気」の意味は変わってきます。そこに笑顔があるのかないのか。悩む心が目に表れていないか。言葉にはハリがあるか。SNSでは心の機微が隠されてしまいます。SNSで心の体温を伝えるのは、リアルよりも難しいと考えるべきでしょう。

最近では、ZoomやWebex、Skypeなど、オンラインで顔を合わせるミーティングも増えてきました。こちらも、リアルに比べると情報量は少ないと思いますが、慣れてくると意外と表情や言葉のニュアンスも読み取れますよね。文字よりもリアルに近い遠隔コミュニケーションツールとして、これからさらに普及していくでしょう。

また、視聴覚情報はより高精細になっていくでしょうから、オンラインコミュニケーションはさらに活発化するでしょう。どんな最新ツールが普及しようとも、フレンドリーな人が幸せであるということは変わらないでしょう。ぜひ、フレンドリーなコミュニケーションを心がけましょう。

まじめ力

自分がやると決めたことをやり続ける

まじめであること。言葉を変えれば勤勉であること。この要素は幸福度を高めるために必要なものです。不まじめな行動をとったり、勤勉さを馬鹿にして適当な行動をしたりする人がいます。まあ、たまにはふざけたりするのもいいですが、もっとまじめを肯定する社会をつくったほうがいいと思います。ユーモアに満ちた不まじめさならいいのですが、「世の中なんか信じられないから、まじめになんてやっていられるか」と、社会に反抗したり投げやりになったりするような不まじめさは不幸です。

また、まじめというと、融通が利かない型にはまった人というイメージがあるかもしれませんが、ここで言うまじめはそれではありません。型にはまらず、創造性を発揮し、自らの成長や社会の発展を目指す、さわやかな雰囲気です。

統計データは正直です。幸せな人は、まじめな人なのです。不まじめな不幸を突き詰めると、最悪の場合には犯罪行為に走ったりする。まじめ力を高めることは、自分自身を律する力を高めることでもあります。自分自身を律する力が、自立した主体的な人生につながっていきます。

まじめさや勤勉さが性格だというのは意外だと思う人もいるかもしれませんが、これらは生まれもった資質なのです。コツコツやれるタイプなのか、すぐに飽きてしまうタイプなのかという特性は、ある程度先天的に決まっているのです。

一方、前にも述べましたが、性格の半分くらいは後天的に自分の努力によって変えることができます。子供の頃はコツコツと努力するのが苦手だったけれど、大人になったら努力型に変わってきた。そういう例は星の数ほどもあります。**まじめ力を引き出すために最も大切なことは、自分が熱中できるものを見つけることです。**

勤勉という言葉を聞くと、勉強みたいなものと結びつけてしまいがちかもしれません。試験勉強とか資格を取得するなど。しかし勤勉さの対象は勉強のようなものばかりではありません。技術的なものであっても、あるいは運動に関するものであっても、何にでも言えることなのです。たとえば、ゲームに熱中して上達するのも、ゲームに対するまじめさと言えるでしょう。

自分がやりたいと思うものを見つける。そして自らが目標をつくり、それに向かってコツコツとまじめに努力をしていく。結果だけを気にすることなく、自分が決めたことに対して勤勉に取り組んでいく。その道のなかに幸せが存在しているのです。どんな物事であれ、不まじめにやるよりも、まじめに取り組んだほうがおもしろい。そして、まじめ力は、心がけ次第で大きく育てられるのです。

情緒安定力

自分の感情とほどよい距離をとる

いつも穏やかで情緒が安定している人と、いつもイライラして怒ってばかりいる人。どちらが幸せかは言うまでもありません。イライラして怒ってばかりの人には近づきたくないものです。

あるいは、落ち込んでばかりいる人や心配ばかりしてしまう人も、情緒不安定の別バージョンです。

情緒を安定させると幸福度は高まります。ただし、安定しすぎて、なんにでも淡々としているあり方はいきすぎです。感情を隠したり、喜怒哀楽を抑えたりするのは満喫力の低い状態であり、あまりお勧めできません。喜怒哀楽のなかの楽しさや喜びは素直に表現したほうが幸福感につながります。周りが引いてしまうほど喜びを全面に出す必要はないでしょうが、ある程度の嬉しさや楽しさは表に出すほうが自然でしょう。

喜怒哀楽のなかで、表に出しすぎないことをお勧めするのが、先ほども述べた**「怒」と「哀」**です。怒りの感情や、落ち込んだ気持ちは、できるなら抑えたほうがいい。感情がすぐに激して怒りを露《あら》わにする人がいますが、それは自分だけでなく周りの人たちも不幸にします。

アンガーマネージメントという心理療法があります。怒りの感情をうまくコントロールしていくというものです。よく言われるのは、怒りの感情が芽生えたときに、それをすぐに表に出すのではなく、六秒間待ちましょうというやり方です。ゆっくり深呼吸をして、六つ数えてみる。それだけで怒りの感情は少し和《やわ》らいできます。もしそのまま怒りを露わにすれば、自分が吐き出した怒りがまた呼び水となって、さらに怒りの感情が膨らんでいく。そうならないために、アンガーマネージメントの訓練はしておくとよいでしょう。

さて、喜怒哀楽のなかでもう一つ**厄介なのは「哀」**、つまり、**落ち込んだ気持ち**です。

失敗したときに気持ちが落ち込む。そんな経験は誰にもあるものです。ちょっとくらいの落ち込みならすぐに立ち直れるでしょうが、大きく落ち込んだときには、なかなか気持ちを立て直すことができません。六秒どころではコントロールすることなどできない。そして落ち込んだ気持ちもまた、自分ばかりでなく周りの人にもマイナスの影響を与えるものです。

ここで、**落ち込みから脱する方法**を二つ紹介しましょう。一つ目は**落ち込みの原因から距離を置く**こと、二つ目は**落ち込みの原因自体を解決する**ことです。

まず、落ち込みの原因から距離を置くための一つの方法は、具体的な行動を起こすこと。身近な例で言えば、美味しいものを食べにいくのもいいでしょう。友達とお酒を飲むのも一つの方法です。海や山という自然のなかに身を置いてみるのもいいでしょう。いわゆる気分転換です。

また、落ち込みを自分一人で抱えないことが重要です。信頼できる友達に話してみるのもいいでしょう。「実は今、こんなことで悩んでいるんだ」と言葉にすることで、少し気持ちが軽くなることもあります。誰かに相談をしたり、あるいは新しいことにチャレンジしたりすることで、落ち込みから少しだけ目を逸《そ》らしてみる。そんな様々な行動によって、気が紛れ、落ち込みは薄れていくでしょう。

気持ちの落ち込みから脱するもう一つの方法は、これができると一番いいのですが、落ち込みの原因自体を解決することです。そのためのカギは俯瞰力です。自分自身を俯瞰してみること。これは心理学の用語では「メタ認知」といわれるものです。

自分が今、抱いている感情を冷静に俯瞰してみる。「ああ、自分は今落ち込んでいるな」「何が原因で落ち込んでいるのだろう」「この落ち込んだ気持ちを解消するために必要なことはなんだろうか」「いったい自分は何をしたいのだろうか」と。まるで他人事《ひとごと》のように自分自身を眺め、考えを整理してみる。自分が今、置かれている状況や精神状態を客観的に眺めると、問題が整理でき、対策を思いつきます。

自分自身を俯瞰することで心が軽くなり、幸福度が高まり、創造力も高まります。創造性を発揮すると様々なアイデアが生まれ、落ち込みの原因を解決する策をいろいろと考えつくことができます。友達と話すなかから解決策が出てくることもあるでしょう。創造は無限大です。必ず解決策はあります。人類が、これまでのすべての難局を乗り越えてこられたのは、私たちには創造性があるからです。思いもよらないやり方で、あなたの悩みが解決できることでしょう。

話を戻しましょう。情緒安定力というのは、言ってみれば自分の精神をコントロールする力です。自分の感情は大切にしつつも、上手にコントロールしていくこと。それが幸福感の礎《いしずえ》にもなるのです。

おもしろがり力

「知りたい」「行ってみたい」の気持ちに素直に従ってみる

いろいろなことをおもしろがる力。新しいことに興味をもち、自分が知らないことを知りたいと思う気持ち。いわゆる好奇心が強い人ほど幸福度が高いことが知られています。何かを知りたいという知的好奇心。

好奇心はもちろん、育った環境から大きな影響を受けます。とはいえ、好奇心は誰にでもあります。子供の頃を振り返ってみてください。誰もが好奇心に溢れています。なにせ見るもの聞くものすべてが初めての経験です。毎日初体験をしているようなもの。そんな子供時代の目は輝いていたものです。ところが大人になるにつれ、そんな輝きは色褪《あ》せていきます。様々な経験を積むことによって、すでに知っていることが増えてくるからでしょう。**「そんなことは知ってるよ」「そんな経験はすでにしたよ」。そんな考えが頭のなかで蔓延してくると、新しい物事への好奇心が失われていきます。**それは、せっかく幸せになれるチャンスを自ら放棄しているようなものです。

自分はもういろいろなことを経験している。これまで生きてきた経験から、多くのことを知っている。大人になると人は多かれ少なかれそのように考えがちですが、それは大きな勘違いです。脈々と続く人類の営みに比べたら、一人の人間が経験したことなどほんのわずかにすぎません。一人の人間がもっている知識も、人類の叡智全体と比べると、ごく一部です。

この世界で起きていること、現代にある多くの学問、あるいはエンターテインメントや観光地。それらを一〇〇としたら、おそらく私たちが知っていることや経験したことなど一％にも満たないでしょう。何しろ世界には七七億人もの人間がいます。それぞれが、何かを体験しています。私たちは、そのうちのほんの一部しか知らないままに死んでいくのです。人生とは、なんてささやかなものなのでしょう。

「そんなことはもう知っている」という言葉を封印して、ありとあらゆることに対して好奇心を抱くことをお勧めします。いくら好奇心をもっても、誰にも迷惑をかけません。自分が知りたいと思えば調べればいいし、行きたいと思ったところには行けばいいのです。たとえ一度行ったことのある場所でも、季節によってはまったく別の表情を見せてくれます。かつて行ったときとは、吹いてくる風も違えば匂いも違っています。好奇心さえもっていれば、どんな場所でも、どんなことでも、楽しめるのです。

「おもしろがり力」は、人間が生き生きと生きるための基本です。好奇心があればこそ、私たちはなんらかのアクションを起こします。そうしていろいろなアクションを起こすことで、自然と自分自身の好き嫌いや強みも見えてきます。没頭できるものに出合うこともできるのです。

好奇心は尽きることがありません。保守的で頑固で殻にこもる態度にさえならなければ、好奇心は年齢とともに失われるものではありません。それどころか、年齢を重ねるほどに人は成長するのですから、どんどん新たな好奇心は生まれてきます。年齢を重ねると、私利私欲への好奇心は少なくなっていくでしょう。欲しいものが少なくなり、やりたいことも減っていくかもしれません。しかし、新しいことを知りたいという欲望は減りません。特に、より良い世界をつくるために新しいやり方で貢献したいという思いが大きく育っていれば、好奇心が尽きることはないでしょう。
いろいろなことをおもしろがりましょう。しらけた考え方をしたり、斜に構えたりせずに、心からおもしろがること。その気持ちが幸せを運んでくれるのです。

社会の幸せ力

信頼し合える関係を築く

私たちが暮らす**社会**。私たちが築く**家庭**。そして人生のなかで最も多くの時間を過ごすであろう**職場**。この**三つに共通している幸せ力**、それは言うまでもなく、そこが**安心で安全な場所であるかどうか**です。

たとえば、日常暮らしている地域社会がとても危険な場所であれば、そこに住む人たちの幸福度は低くなります。これは当たり前のことで、いつも内戦状態にあるような国の人が幸せであるはずはありません。安心で安全な環境にいること。それは有名なマズローの欲求五段階説の二段階目にくるものです（次ページの図参照）。

マズローの欲求５段階説

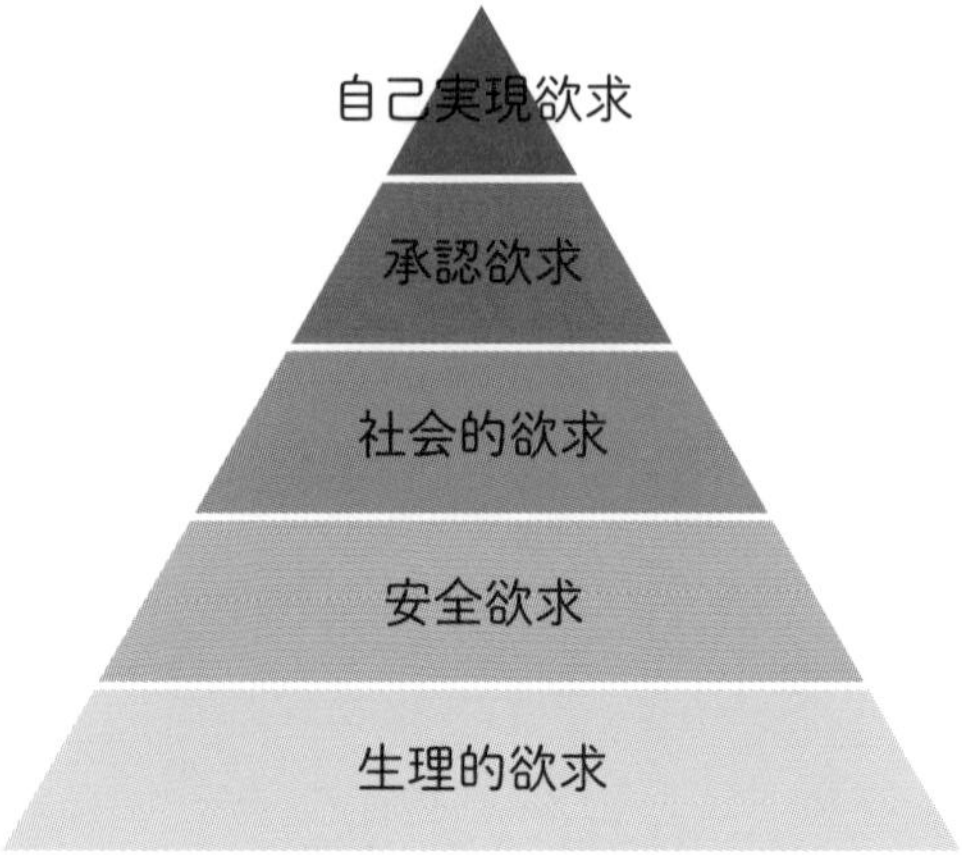

では、安心で安全な家庭環境とはどのようなものでしょうか。

もちろん生活が保障されているということが重要な要素ではありますが、それに加えて家族の仲が良いことが大切です。夫婦の仲が良くて、子供たちも生き生きとしている。夫婦がお互いに信頼し合い、子供に愛情を精一杯注いでいる。そういう環境があればこそ、子供たちも屈託なく成長できるのです。

仲の良い夫婦といえども、長年暮らしていればぶつかることもあるでしょう。喧嘩をして口をきかない日もあるかもしれません。それが長引いたり習慣になったりすると、家庭の安心は失われていきます。家庭の安心が失われると、家庭から幸福感が失われていきます。

もちろん、それは自分自身にも跳ね返ってきます。そうならないために、家族みんなが努力すべきなのです。

コミュニケーションをとる努力をし、相手を理解しようと努力し、場合によっては相手を許したり、自分の非を認めたり、もっと信じ合おうと決意するなど、いろいろな行動をとる必要もあるでしょう。**家庭の幸福感とは、他の誰かから与えられるものではなく、家族みんなで築いていくもの**なのです。

職場の幸せ力

イノベーションを起こす土壌をつくる

次に、職場の安心と安全について見てみましょう。職場のなかが物理的に危険で安心できないという状態は、現代日本ではあまりないでしょう。**職場における安心感というのは、**命の危険を感じないということではなく、**心理的な抑圧や圧迫がない状態と言い換え**

てもいいでしょう。職場の安心を邪魔している要素は何か。それは、上司からのパワーハラスメントや、ピラミッド型の組織で言いたいことが言えない風土などです。

最近、**「心理的安全性」**という言葉が注目されています。これはグーグルで働く人たちが言い始めた言葉です。心理的に安心感があることが職場には重要だというわけです。たとえば、言いたいことが言えない職場はまだまだたくさんあります。これは日本ばかりではありません。欧米の組織にもあります。

上の立場の人間から抑圧され、**自分の意見や考えを言うことができない。そういう職場ではイノベーションは起きにくい**でしょう。

イノベーションを起こす力は、現代のすべての企業に求められています。たとえば、次世代を牽引《けんいん》していくＡＩ（人工知能）の世界では、一週間でトッププレーヤーが交代するとさえ言われています。そんな超スピード化の時代において、イノベーションを起こせない企業は生き残れません。そして、イノベーションを起こす風土の一つが、職場における心理的安全性なのです。

ひと昔前の日本企業は、見事なピラミッド型で構成されていました。上司の指示や命令には逆らわない。上司の命令とあれば、どんなことをしても達成する。こういう組織は、目標が明確な時代にはうまくいきました。トップがリーダーシップを発揮してさえいれば、あとのみんなは言われた通り間違いなくやればいい。既存市場で勝てばいいのですから、ボトムアップのイノベーションはいらない。

こんな組織は幸せでしょうか。統率のもと、みんなできちんと何かを成し遂げたときには、充実感があるでしょう。ピラミッド組織なりの幸せというのはあると思います。しかし、もしも命令通りに働くことが「やらされ感」になっていたら、ドラッカーの石切り職人の話（八六ページ参照）の一人目のように、単に賃金のためにやっていたら、そんな場合には幸せは小さいでしょう。

一方で、自由闊達《かったつ》な組織では、みんなが言いたいことを言い、様々なアイデアを出し、試行錯誤を繰り返すなかから新しいやり方を見つけていきます。自由でオープン。言いたいことを言えて、自己開示もできる。大きな声で言い争うこともできるけれど、遺恨を残さず、サバサバしている。

こんなイノベーティブな組織は、自由にアイデアを出して活躍したいという者にとっては幸せでしょうが、自分は平凡だからむしろ言われた通りに働きたいというような者にとっては、幸せな職場とは言えないかもしれません。

ちなみに、前にも述べたように、言われた通りに働く人よりも、主体的に働く人のほうが幸福度が高い傾向があります。よって、平凡に働きたい人のためにイノベーティブな組織を型にはまった組織に変えることよりも、平凡に働く人が主体的に働きたくなるように導くことのほうが、より多くの人が幸せになるためには重要だと思います。

いずれにせよ、職場の組織形態は、職場の心理的安全性と幸福度に影響を与えます。それぞれの職場でどのような安心・安全を構築していくのか、自分たちの組織ではどんな心理的安全性を目指していくのかといった点を、組織形態と同時に考えるべきだと思います。

現代は、「職場における幸せ」のあり方がどんどん変化している時代なのです。

＊

「チャレンジを推奨する雰囲気」

先に述べたイノベーションの起きやすい職場の条件とも関連しますが、失敗を怖がらずにチャレンジできるような職場は、幸せな職場です。幸せの四つの因子のうち「やってみよう」や「なんとかなる」に関連していますが、これらの四つの因子は個人レベルのこと。ここで言う**「チャレンジを推奨する雰囲気」とは、個人レベルのものではなく、職場**

全体の空気感を指しています。

この雰囲気をつくるためには、職場で仕事をする人たちみんながチャレンジ精神をプラスだと捉えることが必要です。A部長はどんどんチャレンジさせてくれるけれど、B部長は失敗を恐れてチャレンジを認めてくれない。こんな状態では職場がまとまりません。みんながチャレンジ精神を認め、チャレンジを通して自己を成長させるような風土をつくること。それこそが職場の幸福度を高めることになるのです。

アメリカ人はチャレンジ精神が旺盛です。それは、もちろん個々人がもつ気質にもよるのですが、社会全体がチャレンジ精神を認めている風土も影響しています。何度も起業にチャレンジする若者がいます。これまでに一〇回も失敗を繰り返した若者が、また新たに起業しようとする。そんな若者に対して、支援をする側の人間はこう言います。

「君は一〇回も失敗してきたのか。そんなに経験豊富なら、今度は成功するかもしれないね。では、君に投資をしよう」と。そして若者は、一一回目に見事に起業を成功させるわけです。

「失敗から学ぶことの大切さ」「失敗してもめげない精神力」、そういうものに対する評価が高い社会です。

一方で、日本は失敗を恐れる傾向の強い社会です。新しいことにチャレンジするよりも、周りの人たちと歩調を合わせるほうを優先させてきた文化があります。これは、ステレオタイプな言い方をすると、農耕社会的な価値観だと思います。

村人みんなで農業に勤《いそ》しんでいる。みんなが米をつくっています。そのなかで、米とは違う作物をつくってみたいという若者が出てきても、それはすぐさま潰されてしまいます。「みんなと違うことをして失敗したらどうするんだ？　この村では先祖代々米づくりをしてきたのだから、それを受け継ぐことが何より大事なことだ」と。こうした前例主義は、今もなお日本社会に根深く残っています。

時代は変わりました。鎖国して身分を世襲していた頃ならそれでも良かったのでしょうが、グローバル社会のなかで、日本だけがチャレンジ精神を失うことは、世界から置いていかれることを意味します。「チャレンジを推奨する雰囲気」は、職場に限らず、日本社会全体に求められているのです。

では、チャレンジ精神を養うにはどうすればいいのでしょうか。前にも少し述べましたが、チャレンジ精神の源泉の一つは「自己肯定感」です。「自分はやれる」という自信。極論すれば、「具体的な根拠はないけれど、成功するような気がする」という前向きな勘、違い。それが自分の背中を押してくれるのです。

補足すると、自分はダメだという自己肯定感の低さは、後ろ向きの勘違いです。では、前向きな自己肯定感はどこから生まれるのでしょうか。もちろん成功体験から生まれることは確かですが、成功体験がなくても身につくことがあります。

私自身の話をしましょう。私の誕生日は一月。学齢で言うところの「早生まれ」です。早生まれというのは、ある意味ではハンディキャップです。特に小学校に入学したばかりの頃には、四月生まれの子よりもおおよそ一年近く成長が遅れていることになります。駆けっこをしてもみんなより遅い。勉強もできません。

私が小学校一年生だったとき、母親が心配して、担任の日野先生に「この子は大丈夫でしょうか」と尋ねたそうです。すると、日野先生は「前野君は大器晩成《たいきばんせい》ですから、大丈夫です」と自信をもって言ってくれたそうです。

どうして日野先生がそう思ったのか、今となってはわかりません。しかし、「前野君は大器晩成ですよ」と言われた母親は、すっかり先生の言葉を信じていました。私が何か失敗したり、できないことがあったときにも、「大丈夫よ、あなたは大器晩成だから、きっとできるようになるわよ。日野先生も言っていたし」と言い続けてくれたのを覚えています。自分はこのままでいいんだ、きっといつか大きく羽ばたくんだ。そんな肯定的なイメージがいつの間にか身についていったのです。

あれから五十年の歳月が経ちましたが、私の心のなかには今でもその思いがあります。これから、自分はもっと羽ばたくに違いない、と今でも根拠もなくワクワクしています。こんな人間に育ててくれたことに対し、日野先生と母親には感謝しかありません。

ぜひ、皆さんも、今できないことや苦手なことがあったら、大器晩成だと思ってみてください。思うのは自由です。お勧めです。

もう一つ、チャレンジ精神を推奨する方法は、職場やコミュニティーのみんなで助け合うことだと思います。自己肯定感の低い人が多い日本社会。「いいから一人でチャレンジしてみろ」と言われても、できるものではありません。みんなでやるべきことは、力を合わせることです。

あなたが上司なら、「君ならできる！　失敗したら私が責任をとるから、思い切ってチャレンジしてごらん」。そう言えるといいでしょう。あなたが同僚なら、「俺たちみんなでバックアップするから、安心してやってみなよ」と言う。そうして、みんなで一丸となる。すると、幸福度も高く、チャレンジ精神に溢れた場になるでしょう。**人は誰かから励**

まされた一つの言葉によって自信をもつのです。

地位財

「安定」と「変化」の適切なバランス

ここで提示した**地位財は、収入力・社会的地位・実績の三つ**です。地位財は、前にも述べたように、**長続きする幸せには寄与しにくい**と言われています。手に入ったときは幸せを感じますが、その**喜びは短期間で消えていきます**。

たとえば収入。昨年よりも増えれば嬉しいでしょう。しかしその喜びは束《つか》の間です。すぐに、来年はもっと増やしたいという欲望が湧いてきます。もしその希望が叶わなかったら、今度は不幸感に襲われます。収入よる幸福感を維持するためには、右肩上がりで増やしていくしかありません。

社会的地位や実績も同じです。ポジションが上がったときは幸福感を味わいますが、すぐにまたその上のポジションが欲しくなります。実績も同じです。

さて、このように書くと、地位財は幸せにはあまり結びつかないように感じるかもしれませんが、実際にはそんなことはありません。

アンケート調査をしてみると、**長続きしない幸せといえども、地位財をもっている人は幸福度が高い傾向**があります。たくさんの収入があり、社会的地位も高く、これまでの実績も評価されている。そういう人の幸福度は相対的に高い傾向があります。つまり、地位財は、幸福度を高めるための要因の一つです。

なかには「お金などなくてもいい。社会的な地位などなくても自分は幸せだ」と言い切る人もいるでしょう。地位財は幸せを構成する多くの要因の一つにすぎません。地位財のほかに、人生をかけて目指すような目標をもっていたり、強い社会貢献意欲があったり、楽観性が強かったり、素晴らしい仲間に恵まれているなど、他の幸せの要因が満たされていれば、地位財のスコアが低くても幸せという人はたくさんいます。

逆に、地位財だけにこだわる人もいます。たくさんのお金さえあればいい。社会的地位こそが幸せを生み出すのだと。金の亡者《もうじゃ》と言われる人もいます。出世をすることだけが人生の目標だと公言する人もいます。そんな人は幸福度が低い可能性があります。ある程度の地位財を手に入れていても、他人と比較するあまり、満足できないからです。

また、地位財は一瞬にして消え去ることもあります。一夜にして財産を失うこともあるでしょう。今日までもっていた社会的地位が、明日の朝には奪われることもあります。実績は次々と塗り替えられていきます。**地位財も、**他の要因と同じく、**幸福度を高めるために、あると悪くないものですが、固執することはお勧めできないものなのです。**

大切なのは、バランスです。

地位財と非地位財のバランス、幸せの四つの因子「やってみよう」「ありがとう」「なんとかなる」「ありのまま」のバランス。性格のビッグ・ファイブのバランス。高すぎず、低すぎず、平凡すぎず、非凡すぎず。結局は、あなたらしい幸せのプロファイルに、あなた自身が納得し、この幸せの形こそが愛おしい自分なのだと思える人は幸せなのです。

5日目

無意識に陥っている
不幸癖に気づく

ずっと気になっていた言葉があります。それは「おつかれさま」という挨拶です。

かつて、この言葉は、一日の終わりにお互いの苦労をねぎらうための言葉でした。私が新入社員だった三十四年前には、長い仕事が終わり、みんな疲れて会社を去るときに、お互いに「今日もおつかれさまでした」と声をかけ合っていました。そういうねぎらいの言葉でした。

しかし最近、「おつかれさま」は、まるで「こんにちは」のように日常的に使われています。まだ若い二十代・三十代のサラリーマンたちが、朝から「おつかれさま」と言い合っています。それを聞くたびに、私は「朝から疲れてるわけないだろ！」と心のなかで突っ込んでしまいます。

もちろん、彼らは深い意味もなくこの言葉を使っているのでしょう。しかし、言葉は心に影響するものです。一日に何十回となく「おつかれさま」という言葉を耳にしていると、いつしか本当に疲れてしまう。そんな気がしませんか。

アメリカ人は、

「How are you?（元気ですか？）」

と聞かれると、

「Fine!」「Good!」と答えます。

最近ではさらにポジティブに、「Excellent（すごく元気だよ）」「Incredible!（信じられない！）」と答えます。

日本は疲れが朝まで蔓延、アメリカでは元気がインフレ。この差を皆さん、どう考えますか？

多少元気がないときにもポジティブに答えることで、幸福度は高まるものです。

日本では「お元気ですか？」と聞かれでも、「まあまあ、なんとかやってます」などと謙虚な答え方をすることが多い。関西では「ぼちぼちでんな」です。「ウハウハですわ」とは答えません。

前にも述べたように、謙虚な文化の影響なので仕方がない面もありますが、もう少しプラスの表現をしたほうが、元気が出るのではないでしょうか。

「お元気ですか？」と聞かれたら「ええ、とても元気です！」と答えることにしませんか。朝っぱらからの「おつかれさま」はやめて、夕方の「おつかれさま」にも「いやいや、最高に元気だよ！」と答えてみませんか。ポジティブな言葉は相手にも伝わり、連鎖していくことでしょう。

挨拶に限らず、**知らず知らずに発してしまっているネガティブな口癖は意外に多いもの**です。実は**マイナスの口癖**は、自己肯定感が低いことや、感謝ができないこと、やりがいが見つからないことなど、**様々な要因が複雑に絡み合った結果**なのです。

不幸な状態の人は、いろいろなところの状態が悪くなっていて、言葉だけ変えてもそう簡単には幸せにはなれないかもしれません。ただし、ネガティブな言葉を改め、ポジティブな言葉を意識的に使うことで、自分はこんなにネガティブな考えをしていたんだと気づきます。このことは、幸せの階段を上り始めることにつながるでしょう。

一番不幸なのは、**不幸癖に陥っていること自体に気づいていない人**です。

もう少しマシなのは、**気づいているけれど直せない人**。

さらにいいのは、**気づいて直し始めた人**。

一番いいのは、**気づいて直した人**。

この**四段階に分かれます**。

不幸な考え方は、程度の差こそあれ、誰の心にも潜んでいるものです。まずは、自分の不幸癖に気づき、少しずつ意識を変えていっていただきたいと思います。

ここから、5日目と6日目では、幸せな人の考え方と不幸な人の考え方を並列して掲げてみます。不幸思考と幸せ思考を比較してみることで、不幸癖、幸せ癖の違いが明確になると思うからです。

本邦初公開。幸せな人と不幸な人の比較研究。気づきや思考転換のためのヒントにしていただければ幸いです。

CASE 1

「べき思考」はほどほどに

不幸

「今日の仕事の目標は達成したけど、
最低限のことしかできていない」

幸せ

「今日の仕事の予定を全部終わらせたぞ!
よくやった!」

関連するのは➜【ポジティブ感情】P.68

「べき思考」という表現を最近よく見かけます。

「自分はこうするべき」「仕事はこうあるべき」「今日の仕事はここまで完成させるべき」などなど。この「べき思考」によって自分自身を縛りつけている人がいます。そうならないように「べき思考」をやめよう、という論調で語られがちです。

誤解のないように背景を正確に述べておきますが、本来、「べき思考」がいけないのではありません。「私たちは何をすべきか」と根本を問うことは倫理学の基本であり、人類の叡智として脈々と受け継がれてきた知の集積には素晴らしい価値があります。

つまり、**大きな視点で「べき」を問うことは素晴らしいこと**です。貧困はなくす「べき」か。環境をいかに保全す「べき」か。私たちはいかにして幸せに生きる「べき」か。

良くないのは、思考停止型の部分的「べき」思考です。

部分にとらわれ、自分の会社のルールはこうなっているから、決められたルールを守る「べき」というようなべき思考。理由については考えず、「ルールですから、従う『べき』です」というような、ルールやマニュアルに縛られた「べき」思考には注意すべきです。

要するに、**ルールやマニュアルに縛られずに、自分で考える「べき」**なのです。大きな倫理学の問いのほうの「べき」思考は、自分で考える能動的な「べき」思考。こちらはO

Kです。ルールやマニュアルや、前例に縛られる受動的な「べき」思考はNG。そういうことなのです。

ぜひ、正しい「べき」を主体的・能動的に考えて生きてください。

このケースの不幸の例は、「最低限ではなく、私はもっと仕事をするべき」という思考にとらわれています。

今日の目的を達成したのなら、それでいいじゃないですか。今日もできた、明日はもっといろいろな仕事をやってみようと前向きに捉えれば、受け身の「べき」思考ではなく、能動的な「やってみよう」思考になるはずです。

CASE 2

「やる気」の敵は「やらされ感」

不幸

「なんで自分ばかりやらされるんだろう」

幸せ

「私が任されたということは何か意味があってのことに違いない。ワクワクするなあ。どうしたら実現できるか策を練ってみよう」

関連するのは➜【ビジョンを描く力】P.86

仕事に対して主体的かどうか。そこが分かれ道ですね。

前の章で経営者は幸福度が高いと述べました。彼らは主体的に仕事をしているからです。経営者にとって、すべての仕事は自分自身から発出したものです。そこには大きな責任を伴いますが、その責任の裏側に大きな幸福感もあるのです。

多くの一般の社員にとっては、仕事とは指示されたもの、与えられたものにすぎないと感じられるかもしれません。主体的な仕事などできないと思うかもしれません。しかし、そんなことはありません。どんな仕事であっても、**その仕事とどのように向き合うかは自分で決められるはず**です。

巡り合った仕事に対し、全身全霊を込めて取り組むか。あるいは、所詮与えられた仕事なのだからと適当な気持ちで取り組むか。

それを決めるのはあなた自身です。**「やらされ感」が強い人は、なかなか積極的に仕事と向き合うことができません**。四人目の石切り職人（八七ページ参照）のように、主体的に仕事をすれば幸せになれるのです。

CASE 3

「こんなものでいいか」を捨ててみる

不幸

「言われたことをやるほうが私には向いているんです」

幸せ

「もっとみんながやりやすくなるために、工夫できることはないか考えてみよう」

関連するのは➡【創造力】P.98

創造力がまったくない人間などいません。誰もが創造力をもっています。言い換えれば、創造力があるからこそ毎日の生活や仕事を行うことができるのです。

では、**どうして自分の創造力を否定する人がいるのでしょうか**。

それは**自信のなさからきている**のだと思います。過去の失敗がトラウマになっていて、無意識のうちに自分の創造性に蓋《ふた》をしてしまっている。上司から言われたことだけをやるのは、一見、楽なことでしょう。余計なことを考えなくてもいいですし、指示に従って失敗したとしても、それは指示を出した上司の責任と考えることができます。自分のところに責任がくるのはまっぴらだ、そう思う気持ちも一理あります。でも、そんな思考だと幸せは遠ざかっていきます。

「本当にこれでいいのかな。もっと他のやり方はないのかな」

そんな工夫や改善を行って、成功を重ねることこそが幸せへの道につながるのです。

成功は小さくてもかまいません。工夫や改善の結果、少しずつ、新しい世界が開けてくること。これが、創造的な幸せです。

CASE 4

「自分なんて」の不幸スパイラルを断ち切る

（服を褒められて）

不幸

「いえいえ安物ですし、私は顔も地味なので、何を着ても似合わないんです」

幸せ

「そう言ってもらえると自信になります」

関連するのは➔【自己肯定力】P.100

自己肯定力が低い人には**二つのパターン**があります。

一つは、**自分のことを過小評価している人**です。これが強いと自己卑下につながっていきます。せっかく成功を収めても、誰かに褒められても、それを素直に受け止めることができない。いつも「自分なんて」と考えてしまう。これでは不幸のスパイラルに陥ってしまうでしょう。

必要以上に自分のことを大きく見せる必要はありませんが、もっと自分のことを認めてあげるといいですね。

もう一つのパターンは**完璧主義の人**です。周りから見れば十分な結果を出しているのに、自分ではまだまだ物足りないと考えてしまう。もちろん完璧を目指すことは素晴らしいことでもありますが、完璧でなくてもいい場合も多いのではないでしょうか。それは、仕事でも人生でも同じです。

今、介護のことが話題になっていますが、親の介護に身を削っている人も多くいます。なかには介護に疲れて、自分のほうがうつ病になってしまうという例も後を絶ちません。こういう状態に陥る人のなかに、自己肯定力が弱い人がいると考えられます。

育ててくれた親の世話をするのは当たり前のことだ。一生懸命にやっても、まだまだ足りないような気がする。なんとかして親の気持ちを一〇〇%満足させてあげるべきだ。そうやって自分自身を追い詰めていくのです。

もちろん、親孝行をするのはいいことです。しかし、**自分のことを犠牲にしてまで完璧にやる必要はありません**。

親のほうも、子供にすべてを求めるべきではないでしょう。子供を愛しているなら、まず優先させるべきは我が子の人生だと当然思うのではないでしょうか。

自分の身を削ってまで親の面倒を見ている子供。子供がしてくれることを当たり前だと思っている親。実はこの両者とも、自己肯定力が低いのだと思います。親は自己肯定力の高い子を育て、子は親の自己肯定力を信じる。そんな親子でありたいものです。

CASE 5

誰かと分かち合う喜びを想像してみる

不幸

「自分は貧乏だから、
他人のためにお金を使う余裕はない。
人のために使えるのは余裕のある人だけだ」

幸せ

「お金は天下の回りもの。喜ぶだろうから、
ちょっと無理をしてでも、買ってあげよう」

関連するのは➜【利他力】
P.105

人間の脳は、誰かと幸せを分かち合ったり、自分の幸せよりも誰かの幸せを優先したときに、心からの幸せを味わえるようにできています。幸福感とは、人と人の間に存在しているものなのです。

たとえば、中学生の息子と昼ごはんを食べにいくとしましょう。自分としてはさっぱりした蕎麦《そば》が食べたい気分。しかし息子は蕎麦では物足りません。がっつりした焼肉が食べたいと言う。さて、どちらを選びますか。

もし蕎麦を選んだとしたら、自分は美味しいなと思うでしょう。昼ごはんとしては満足かもしれません。しかし、ふと息子に目をやると、なんとなく満足していない様子。一方で焼肉を選んだとしたら、息子は「うまい！」と何度も言いながらバクバクと食べています。子供を愛している親なら、息子の様子を見ているだけで幸せな気分になるでしょう。そして店を出たときに思うでしょう。「焼肉にして良かった」と。

子供に接するとき、親には母性本能・父性本能が働きます。だから、利他的になれるのです。

子供以外の人と接するときにも、同じようになれるといいですね。利他的な人は、利己的な人よりも幸せなのですから。

CASE 6

言いたいことを思い切って言ってみる

（手一杯の状況で仕事を振られて……）

不幸

「は、はい……頑張ります」

幸せ

「こういう状況なので、ここまではできますが、ここは正直、今の自分には無理です。他の人の手を借りられませんか？」

関連するのは➡【コミュニケーション能力】P.113

自分の考えを素直に表に出せる会話のことをアサーティブ（相手のことも考えた率直・正直な主張）な会話と言います。カウンセリングやコーチングではよく知られたアサーションという概念に基づいています。

上司に何かを頼まれたときに、**本当は何か言いたいことがあるのにそれを言えないような答え方をノン・アサーティブ（受け身・非主張的）な会話**と言います。

また、**言いたいことを言わせないような高圧的な頼み方をすることを、アグレッシブ（攻撃的）な会話**と言います。

コミュニケーションは、アサーティブでありたいものです。素直に「できない」とか、「理由があってやりたくない」ということを伝えれば、頼んだほうも多くの場合わかってくれるものです。

まずは、忖度《そんたく》しすぎず、言いたいことを言ってみるコミュニケーションを。円滑なコミュニケーションは、幸せな関係性の始まりなのですから。

CASE 7

「失敗」への恐れを乗り越えるには

不幸

「一度決めたことは
絶対にやり遂げねばならない」

幸せ

「ダメならまたやり直せばいい。
とりあえず迷ったらやってみよう」

関連するのは➜【楽観力】
P.118

日本人は心配性な人が多い民族であることが知られています。だからこそ、失敗しないために丁寧に準備をします。一方、多少準備不足でも「大丈夫だ。なんとかなる」と考えがちなのはアメリカ人です。そこには文化的な土壌の違いがあります。アメリカ社会では失敗しても何度でもチャンスが与えられます。それどころか、たくさんの失敗をしてきた人間のほうが評価されたりもする。

ところが日本社会は、なかなか失敗を許容しない社会です。一度失敗してしまったら、ずっと色眼鏡で見られることもある。「あの人は一度失敗しているから、安心して任せることはできない」と。そんな風土は、少しずつ変わりつつありますが、まだしばらくは続くでしょう。

では、**どうやって楽観的になればいいのでしょうか**。一つの答えは、心配性であることを活かした楽観。**しっかりと準備をして臨むこと**だと思います。**やりたいことをやってみようと決心し、できる限りの準備をして始めてみる**。そして動き出したら、もう後ろは振り返らずに**「なんとかなる！」と自分を信じる**。**「人事を尽くして天命を待つ」**です。

たとえ失敗に終わったとしても、チャレンジしたという自信と、なんらかの学びによって、すでに幸福度は上がっています。

CASE 8

頭のなかだけであれこれ考えすぎない

不幸

「本当はやりたいけど、この歳からでは無理」

幸せ

「人生百年時代、遅すぎるなんてことはない。やりたいことはやってみよう」

関連するのは➡【挑戦力】P.116

新しいことに挑戦する気持ち。自分がやりたいと思ったことをやってみる勇気。これらは確実に幸福度を高めてくれます。では、**どうして積極的に挑戦できない人がいるのでしょうか**。

理由は明確です。

失敗するのが怖いからです。では、どうして失敗するのが怖いのでしょうか。かつて失敗したので無意識のうちに自信を失っているから。評価が下がるのが嫌だから。出世に響くから。周りの人間から馬鹿にされるのが嫌だから。

理由は様々あるでしょうが、どの理由をみても、実は大したことではありません。たとえ失敗に終わったとしても、それによって人生が終わるわけではありません。

頭のいい人ほどいろいろな分析を頭のなかで行います。そして頭のなかで考えた結果、そんなことは無理だと決めつけがちです。しかし、**すべての物事はやってみなければわかりません**。

過去に一〇〇〇人がチャレンジしてダメだったとしても、一〇〇一回目に成功するかもしれない。その一〇〇一回目に自分がなってやろう。そんな心持ちで物事に取り組んでいければ、そこには大きな幸福感が待ち受けているはずです。

CASE 9

比較癖は、幸せの最大の敵

不幸

「○○さんの子は、優秀で羨ましいな」

幸せ

「うちの子の成績は、伸びしろがあるな。そして、優しい心が魅力だな」

関連するのは➡【マイペース力】P.121

他人と自分を比較する癖が身についていると、自分に自信がもてなくなりがちです。比較を励みにできればよいのですが、多くの場合、誰かと比較して羨ましく思ったり妬《ねた》んだりするネガティブな思考に陥りがちです。**妬みや嫉《そね》みは幸せを生み出しません。**それは自己肯定感を下げることにもつながってしまいます。

自分自身のことだけでなく、ついつい自分の子供と他人の子供を比較してしまう親もいます。「○○さんの息子さんは一流高校に合格した。それに比べてうちの子は……」。

小さい頃から誰かと比較され続けた子供は、どんな大人になっていくでしょう。いつも誰かの目を気にしたり、評価ばかりにびくびくしてしまう。自分に自信がもてずに、自己肯定感が低い。そういう大人になっていくことが予想できます。

大切なことは、**自分も子供も、その存在自体を一〇〇%受け止める**ことです。ここにいること自体が素晴らしい。

「人は人、私は私」。**他人のことを認めながら、自分も信じる力。**この力を高めるために必要なことは、人と比べる暇があったら、何かやりたいことを見つけて行動することだと思います。

CASE 10

自分の世界を狭める「不安感」と「独占欲」

不幸

「苦労して得たノウハウだから、
誰にも教えたくない」

幸せ

「せっかくだから、みんなと共有しよう」

関連するのは➔【フレンドリー力】
P.130

自分自身の殻に閉じこもらず、開放的な心をもっている人、つまりフレンドリー力の高い人のところに人は集まります。

では、この**フレンドリーさを邪魔しているもの**はなんでしょうか。

それは**不安感と独占欲**でしょう。

心をオープンにしても周りが受け入れてくれなかったら、自分が傷つくことになってしまう。傷つくくらいなら、自分の殻に閉じこもっていたほうがマシだ。そんな不安感がフレンドリー力を削《そ》いでいくのです。

そしてもう一つは独占欲。誰かと共有することを嫌い、自分だけのものにしようとする気持ち。知識やノウハウを公開したら、自分の強みが減るのではないかという怖《おそ》れ。

しかし、そうではありません。**強みは知識・ノウハウではなく、それを培《つちか》ってきた自分の生き方・あり方にこそ宿ります**。むしろ、知識・ノウハウを惜しみなく公開するほうが、周りから信頼され慕われるでしょう。その結果、さらに多くの知識・ノウハウが集まるとともに、新たな人間関係が築けるでしょう。

何かを独占することは、自分の世界を狭《せば》めることなのです。

CASE 11

言葉の選び方一つで人は変わる

不幸

「君の言っていることは要領を得ないな。
もっと、論理的に説明してくれよ」

幸せ

「君の着眼点はおもしろいね。
もう少し整理をしたら、
もっとみんなに伝わるんじゃないかな」

関連するのは➡【職場の幸せ力】P.145

失敗したらどうしようという心配は、誰もがもっているものです。では、どうして心配になるのでしょうか。

それは、失敗したことで責められて傷つくのが嫌だからです。つまり、**失敗そのものを恐れているのではなく、上司や周りの人たちからの反応を恐れている**のです。いつも恐る恐る仕事に取り組んでいるような職場が、幸せな空気に包まれるはずはありません。

職場での幸せの条件とは、突き詰めればオープンでのびのびとしていること。心理的安全性です。自分の考えを伝え、その意見を同僚や上司が真摯《しんし》に聞いてくれる。誰もが委縮することなく、のびのびと仕事に取り組める。いつも周りの同僚や上司が応援してくれている。斬新なチャレンジが推奨される。そんな安心な雰囲気があればこそ、思い切った仕事ができるのです。

同僚や上司にできることの一つは、**モチベーションを高める言葉を使う**ことです。同僚や部下が考えてきた企画に対しても、**まずは「いいじゃないか」とエンカレッジする（勇気づける）**こと。その上で「もう少しこの部分を直せば、もっと良くなるぞ」とポジティブな助言をする。エンカレッジせずに「もう少しこの部分を直せ」とだけ言う場合よりも、やる気を引き出せることは言うまでもありません。

6日目

幸せな自分でいる習慣を身につける

ドイツのオットー・フォン・ゲーリケ大学マグデブルグのミュンテ博士らの論文に掲載された実験があります。

それは割り箸のような細い棒を横にくわえたときと、縦にくわえたときの表情筋の使い方による効果を調べたものです。

二通りのくわえ方を試したところ、横にくわえたときに、ドーパミン系の神経活動が変化するという結果が導き出されました。つまり、本当に笑っているわけではなく、無理やり笑顔に似た表情つくったときにも脳は「快楽」とみなしていたのです。

私たちは、当たり前のようにこう思っています。「楽しいことがあるから笑顔になる」と。しかし、この実験結果が示すことは「笑顔という表情をつくるから楽しい気分になる」。笑顔と心にはそのような因果関係があることを示しているのです。原因と結果が逆になっている。つまり、私たちは楽しいから笑うのではなく、笑うから楽しくなる場合もあるのです。

たとえば、家族でお笑い番組を観ているとします。自分一人で観るときには、大しておもしろいと思わない芸人でも、家族みんなで観ているとおもしろく感じることはありませんか。それは、家族の笑っている表情がそこにあるからです。おもしろさや楽しさは伝染していく。幸せもまた伝染することが知られています。

実は、幸せも笑顔と似ています。「幸せはいろいろな物事や経験の結果である」と考えられがちですが、「幸せはいろいろな物事や経験の原因である」とも言えるのです。

幸せの因果研究は様々な対象で行われていて、「幸せだと利他的になる」という研究結果も、「利他的だと幸せになる」という研究結果もあります。

つまり、**「いつか幸せになれればいいなあ」と結果としての幸せを望むよりも、「今ここにすでに幸せはあるなあ」と原因としての今の幸せに気づくことが重要**なのです。あなたはすでに幸せなのです。

CASE 12

客観的に自分を眺める

不幸

「また何か嫌なことが起こりそうだな」

幸せ

「悪いこともあればいいこともある。いや、すべてはいいことなんじゃないかな」

関連するのは➡【人生満足尺度】P.68

人生、良いことばかりではありません。また悪いことが延々と続くということもない。「人間万事塞翁《さいおう》が馬」。良いことが起きた後には悪いことが待っていたり、悪いことを乗り越えた先にはきっと良いことが待っている。昔からそう言われてきました。これが人生の真理なのでしょうか。

私はもう少しポジティブに考えています。

「いいこと」「悪いこと」と判断するのは、人間の心ですよね。百三十八億年前に宇宙ができたと言われるビッグバン以来、宇宙は光速で拡大していて、物質とエネルギーが相互作用しているだけです。そこに善悪はない。

私たちは、百三十八億年の宇宙の歴史のなかで、**たまたま人間として生まれてきて、わずかな時間生き、死んでいくだけ**。**人は必ず死ぬ**のです。どんなにいいことがあろうと悪いことがあろうと、いずれは死ぬ。人生の長い人と短い人はいますが、すべての人は平等に、いずれ死ぬ。これは確実なことです。

そして死ぬまでの間にいろいろなことがある。それだけのことです。いろいろなことがありますが、**いつか死ぬことに比べれば、どれも大したことではない**。そう思うと、いいことも悪いこともない。

今生きている、それだけで素晴らしい。どんな出来事も素晴らしい。そう思いませんか。私はいつもそう思いながら生きています。

そして、死さえもどうということはない。もともと宇宙の一部として、他の物質や生物と同様、酸素や炭素や水素や窒素やカルシウムやリンなどから成り立っている人間の身体や脳が、また自然に還《かえ》るだけ。そう考えると、すべてはいいことです。

CASE 13

時には、自分に都合よく考える！

不幸

「私は運に見放されている」

幸せ

「私は運がいい」

関連するのは➔【ポジティブ感情】P.68

私の妻は自称「晴れ女」です。二人で出かけるときにいい天気だと、妻はすかさず言います。「ほらね。私が晴れ女だからこんな気持ちのいい天気になったのよ」と。

もちろん、妻と出かけるとき、常に晴れるわけではありません。雨が降ったとき、私は言います。「今日は晴れ女がいるのに雨が降っているよね」と。

すると妻は「恵みの雨ね。植物たちが喜んでる」と。雨の日には、晴れ女だったことは関係ないみたいです。本当に幸せな考え方だと思います。

運とは所詮このようなものではないでしょうか。私は、世界は物理的な世界であって、すべては確率論で動いており、「運」とは人間の心がつくり出した幻想だと思っています。

つまり、**自分は運がいいと言う人は自己肯定感が高く、楽観的で細かいことが気にならず、いいところに目が行く人。運が悪いと言う人は自己肯定感が低く、悪いことや細かいことに目が行く人**。それだけのことなのだと思います。

「私は運がいい！」

そう信じていても、誰にも迷惑はかかりません。能天気だと思われてもいいではないですか。少なくとも、自分は運が悪いと思いながら生きるよりも、運がいいんだと信じて生きるほうが、幸せだと思いませんか。

自分は運がいいと思う人は、そのままそう思っていていいと思います。自分は運が悪いと思う人は、この物理世界に「運が悪い」という事象は存在しないという科学的・統計学的知見をぜひ信じてください。

CASE 14

自分の特徴をどう活かすかは、あなた次第

不幸

「気が弱いし、なんの取り柄もない。どうせ何もできない」

幸せ

「気が弱いのが弱点だと言われるけど、そうじゃない。裏を返せば、用心して慎重に成し遂げられることが自分の強みだ」

関連するのは➡【強み力】P.89

ある有名な和紙すき職人さんの話を聞いたことがあります。

その職人さんがつくる和紙は素晴らしくて、世界中の芸術家たちが彼の和紙を求めて日本の田舎町までやってくるそうです。

和紙すき五十年の職人さん。彼は幼い頃から手先が不器用で、いつも友達にからかわれていたそうです。そんな不器用な人が、世界中で知られる職人になったのです。どうしてそうなることができたのでしょうか。

和紙すき職人の多くは手先の器用な人ばかり。だからこそ彼は、みんなの何倍もの努力を重ねてきたそうです。五十年の努力が見事に実を結んだのです。つまり、その職人さんには不器用という弱みがありましたが、不器用だからこそ、一つひとつの課題を着実に解決していく粘り強さが身についたのです。**弱みの裏側に強みがある。**その一例と言えるでしょう。

なんの取り柄もない人間なんて、世の中には一人もいません。すべての人がそれぞれに強みをもち、そして弱みももち合わせているものです。

ぜひ、**強みに目を向けてください。強みを伸ばせばいい。弱みは克服すればいい。あるいは、強い人に助けてもらえばいい。**そうすれば、幸せに生きることができます。

CASE 15

自分のなかに対処法を用意する

不幸

「周りがうるさくて気が散る。あー、全然進まない」

幸せ

「まずは時間を区切って取り組んでみよう」

関連するのは➔【没入力】P.91

物事に没入できる力があると、仕事がはかどりますし、強みも深まります。**没入力は努力によって身につきます。**飽きっぽい性格の人はいるでしょう。でも、いくら飽きっぽい性格だからといって、寝るのに飽きたから眠らない人や、ごはんを食べるのに飽きたから食べないなどという人はいませんよね。歯磨きに飽きたり、呼吸に飽きたりもしません。誰でも何かは継続できているのです。

自分が飽きっぽい性格だと思っている人は、時間を区切って作業することをお勧めします。今から一時間はこの作業に集中しよう、これが終われば休憩を取ろうとメリハリをつけることで、次第に集中力は高まっていくものです。

ただ何より、飽きないことをしたほうがいいですね。飽きるのは、おもしろくないからです。だったら、おもしろいことをすればいい。仕事にも私生活にもおもしろいことがないと言う人がいますが、ものすごくおもしろくなくてもいいので、今より少しおもしろいことを探す。それをやり終えてから（やり終えることが重要です）、さらにもう少しおもしろいことを探す。これを繰り返せば、やがては飽きないことでいっぱいの人生になります。

私自身、中学生の頃は面倒くさがりやでやる気のない少年でしたが、あれから四十五年、少しずつおもしろいことを探しているうちに、おもしろくて仕方のない人生になりました。

CASE 16

小さな喜びをたくさん見つける

（草野球の試合に勝って）

不幸

「あんな弱いチームに勝つのは当たり前だよ」

幸せ

「今日のビールはひときわ美味しく飲めるぞ」

関連するのは➡【満喫力】P.93

これは喜怒哀楽力と言い換えてもいいかもしれません。日々起こる様々な出来事、小さな出来事に目を向けて、自分の感情を表現していくといいでしょう。特に、**嬉しさや楽しさはどんどん表に出すことをお勧めします**。

大きな成果を挙げたときにしか喜ばないという人がいます。ある意味ストイックな人ですが、幸福学の観点から言うと、**毎日小さな喜びを見つけて、達成感を味わう人のほうが幸福度は高い**傾向があります。

「今日の目玉焼きはとても上手にできた！　すごい！　今日はいい日になりそうだな」

そんな、日常のなかに潜む喜びでいいのです。

小さなことに喜びを感じられない人は、大きな喜びにも鈍感になっていきます。せっかく日々のなかに楽しいことがあるのに、それを味わうことなく過ごすのって、もったいないことだと思いませんか。

物事に感動して号泣する。素晴らしいことだと思います。けっして恥ずかしいことではありません。思いっきり感動の涙を流したあとは、清々《すがすが》しい気分に包まれるものです。

ちょっと大げさすぎるかも、と思うくらいでＯＫです。人生を満喫しましょう。

CASE 17

大きな夢のために、小さな目標をもつ

不幸

「将来の夢は、ユーチューバーになってビッグになること」

幸せ

「まずは一日に一つ、動画をつくってUPしていこう」

関連するのは⬇【成長意欲】P.95

世の中には数え切れないほどの仕事があります。次々と新しい業種も生まれ、そのなかには大成功を収める人たちがいます。そんな人たちの表面的な行動や言動に憧れ、同じ道を目指す人がいます。それも悪いことではありませんが、どの道でも一流になるには相当な努力が必要です。「一万時間の法則」というのがありますよね。何かを一万時間やっていれば、その道の一流になれるという経験則です。簡単です。もちろん私も実感しています。

大きな夢を抱くことはとても大事なことです。同じくらい大事なことは、大きな夢に向かっていくために小さな目標をもち、コツコツと続けることです。

たとえば私は幸福学の第一人者と言われますが、二〇〇八年から十二年間、毎年千時間くらいは幸せのことを考え、学び、研究し、実践してきました。その結果、第一人者と言われるようになりました。しかも、努力というと苦しいようですが、私はそれがおもしろいし社会のためになるから、没入し、満喫し、飽きずにやってきただけです。他人からは苦労に見えるかもしれませんが、自分では充実と幸せでしかないのです。

何かを成し遂げた人はだいたい同じような感じだと思います。社会活動でも、科学研究でも、ユーチューバーでもかまいません。おもしろくて、誰かのためになることを、やり続けてみてください。

CASE 18

自分の存在価値をアピールしすぎない

不幸

「俺が仕事をしているおかげで
家族は生活できているんだ」

幸せ

「家族のおかげで仕事ができる。ありがたい」

関連するのは➡【感謝力】
P.103

すべてのことを自分の成果だと思っている傲慢《ごうまん》な人がいます。こういう人は自己肯定力が高すぎるというよりも、間違った方向に自己を肯定していると言うべきでしょう。周りの人のおかげでうまくいっていることに気づかず、さも自分だけが素晴らしい仕事をしたのだと思い込む。これは極端な自己顕示欲と視野の狭さからきているのでしょう。

自己顕示欲は、多かれ少なかれ誰もがもっている欲求です。しかし、あまりにもこれが強いと、自己顕示することそのものが目的になってしまいます。仕事の成功を求めるのではなく、自分が目立つことばかりに気が行ってしまう。それでは本末転倒です。

裏を返せば、子犬が威嚇《いかく》して吠えるように**自信のなさを隠すための防御**とも言えます。自己顕示欲をあからさまに見せるのは恥ずかしいことだという謙虚さをもちたいですね。

自己顕示欲の強い人は感謝力が低いと言えるでしょう。

自分の成功は、同僚のおかげ、お客様のおかげ、家族の理解のおかげ、先輩のおかげ、会社に蓄積されたノウハウのおかげ、人類の叡智の集積のおかげ……。感謝をすると自己顕示欲や物欲が減ることが知られています。謙虚に感謝すると、自分だけ目立とうとする気持ちなど生じないはずです。世界への感謝とともに生きましょう。

CASE 19

「好き嫌い」から一旦離れる

不幸

「何かと言えば
自分ばかり叱る上司が許せない」

幸せ

「もしかすると、
何か考えがあって叱ってくれているのかも」

関連するのは➡【許容力】P.108

誰に対しても広い心をもち、どんなことをされても許すことができる。究極の許容力とは、そんな仏様みたいな気持ちをもつことです。

たとえば、よく上司に叱られるとします。もし、その上司のことを尊敬し、信頼し、相性が良いと感じていたら、たとえ叱られても「きっと上司は自分の成長を願って叱ってくれているのだ」と良いほうに考えるでしょう。そして、上司の言葉をよく聴くでしょう。部下がそんな態度であれば、上司のほうもまた部下のことが可愛くなってくる。つまりは双方が良い形で許容できる関係になるのです。

一方で、その上司のことが嫌いだとしたら、小さな叱責でもカチンときたりするものです。上司は部下の気持ちに敏感ですから、関係性はさらに悪化していきます。

許容力を養うということは、つまりは俯瞰力を高めていくことでもあります。好き嫌いに左右されて許容範囲を狭めるべきではありません。**自分自身のなかに、許容できる範囲とできない範囲をしっかりともっておくことが重要**です。ここまでは許せるけれど、ここから先は受け入れられない。そんな強さをもつことも、許容力を養う上では大切なことです。もちろん、許容できない範囲がなくなったときが、すべてを許容する境地です。許容力を磨き、許容範囲を広げることは、自分を磨くことです。

CASE 20

最初は一〇〇%を目指さない

不幸

「波風立たないように、当たり障りのない対応をしておこう」

幸せ

「相手にとって一番いい方法はなんだろう?」

関連するのは➡【信頼関係構築力】P.110

相手の気持ちをすべてわかることなどできないし、自分のことを一〇〇％わかってもらうこともできない。人間関係に一〇〇％という数字は存在しない。そう思う人は少なくないかもしれません。

しかし、優しい両親のもとで愛されて育った乳幼児時代、私たちはすべてを親に委ね、親を一〇〇％信頼していました。私は何歳になっても、青臭いと言われようとも、あの頃のピュアだった自分を忘れずに生きていきたいと思っています。実際、両親と妻と、子供たちのことを一〇〇％信頼しています。そして、全世界の生きとし生けるものを一〇〇％信じて生きることを目指しています。

それは究極すぎて自分にはできないという人もいそうですが、乳幼児にできたことが大人にできないはずはないと思いませんか。

もちろん、いきなり目指すべきではないかもしれません。

まずは、**少しずつ、お互いにわかり合える部分を見つける努力をすることから始める**べきでしょう。**時にはぶつかったり、もどかしさを感じたり、そういった道のりを歩んでいくなかで信頼関係は育つ**のです。

相手の気持ちがわからないなら、わかろうと努力すべきです。相手の言葉に耳を傾け、何を望んでいるかを知ろうとする。自分の気持ちよりも、少しだけ相手の気持ちを優先させる。その心がけが信頼関係につながります。

また、誰も自分のことをわかってくれないと嘆く人がいます。わかってもらいたいなら、まず相手をわかる努力と、わかってもらう努力をすべきです。伝わらなかったらどうしようという怖《おそ》れは脇に置いて、まずは伝えることです。

それでも伝わらないこともあるでしょう。そんなときには、今、無理してまでその人との信頼関係を築く必要はないかもしれません。いずれ、その人と信頼関係を築くときがくるのだろう、と考えればいいでしょう。

CASE 21

「面倒くさい」を克服する方法

不幸

「面倒なことはしたくない」

幸せ

「自分の気になることを、掘り下げて調べてみよう」

関連するのは➔【エネルギッシュ力】P.127

人は、好きなことならまだしも、そうでもないことはできるだけ避けたいと思いがちです。もちろん、やらなくてもいいことなら避けてもいいでしょう。手を抜いても影響がないのなら、一生懸命にやる必要はないかもしれません。

しかし、**やりたくないけれどもやらねばならないことって、ありますよね。そんなとき、面倒くささをなくす方法の一つは、ゲーミフィケーションです**。ゲームにしてしまうのです。この単純作業、何分で終わるか、自分との勝負だ。あるいは、あと十分頑張ったら、お茶を飲むというご褒美。**工夫すれば、何事も、元気にやる方法はあるはず**です。

それから、これは達人技ですが、自分におもしろいと思い込ませてやってみるという方法。おもしろがってやってみようという気持ちをもつと、たちまち仕事への取り組み方が変わってきます。笑顔をつくると脳が幸せだと勘違いするように「よーし、バリバリやるぞー」と大声で言えば元気が出てきます。

あるいは、やるべきことが社会善である場合。これまでにも述べましたが、四人目の石切り職人のようにやるべきことの意味を大きな視点で捉えてみたり、それをできることに感謝してみたり、成長の機会だと捉えてみるなど、いろいろなやり方があるでしょう。つまり、どんなことも工夫次第で楽しくやれるのです。

CASE 22

「考え方」「やり方」次第でなんとでもなる

不幸

「結婚したいけど、安月給だから責任が果たせないな」

幸せ

「お金がないからこそ、二人で力を合わせたほうが効率もいいだろうし、相乗効果もあるかも」

関連するのは➊【地位財：収入力】P.153

収入が少ないことを理由に、結婚を躊躇《ちゅうちょ》する人が増えていると聞きます。確かに、仕事をしていない人はまずは仕事を探したほうがいいでしょう。もしも、一生懸命に仕事をしているのであれば、多少収入が少なくてもなんとかなるものです。

結婚生活にはお金が必要です。子供が生まれたらさらにお金がかかります。しかし、そんなことを心配していたら、いつまで経っても結婚はできません。

収入力は大切なものです。**収入が幸福度を高める要因であることは間違いありません。**しかし、それがすべてではない。前にも述べたように、**幸福感のための一つの要因にすぎない**のです。**必要な収入を得る努力をしつつも、そこだけにとらわれないことが重要**です。

長い結婚生活においては山もあれば谷もあるでしょう。それでも、そこには確かな幸福感が宿っています。アンケート調査をしてみると、幸福度の平均値は、明らかに、

既婚 > 未婚 > 離婚

の順になります。もちろんこれは平均値であって、当てはまらない人もいます。

結婚は、他人同士が力を合わせてコミュニティーの最小単位をつくるための営みです。1＋1は2ではありません。力を合わせれば2以上の力が出ます。創造性も発揮できます。人は多様性が高いほど創造性が高く、幸せであるという研究結果もあります。**結婚は、コスパがいい**のです。

私の場合、結婚して二十七年になりますが、妻も私も幸福学の研究者。それこそ1＋1は3にも4にもなる相乗効果を活かし、幸せで充実したライフとワークを楽しんでいます。

ちなみに、統計的データとしては、離婚はコスパが悪いようです。幸福度も下がりますし、お金もかかります。だからといって、離婚したいのに我慢している状態も良くありません。離婚して幸せになる人もいますし、再婚する人もいます。

人生はいろいろ。統計データは所詮、単なるデータ。あなたの人生はあなただけのもの。あなたの力で幸せに歩んでください。

CASE 23

人生は一本道ではない

不幸

「出世コースから外れてしまった、もう終わりだ」

幸せ

「畑違いの部署になったけど、ゼロから勉強してみよう」

関連するのは⬇【地位財：社会的地位】P.153

出世を願っている人は多いと思います。会社勤めをしている以上、やはり上のポジションに行きたいと思う。それは妥当な欲求だと思います。もっと出世をしたいと思う気持ちが、努力の原動力になることもあるでしょう。

しかし、その地位もいずれは終わるものだということを念頭に置いておいたほうがいいと思います。企業でいえば、死ぬまでトップであり続けることができるのは創業者くらいです。

大切なことは、**出世をすることではなく、出世をして何をしたいか**です。仕事を通してこんな社会貢献をしたいから部長になりたい。会社のなかで新しいプロジェクトを立ち上げたいから役員になりたい。社会的地位を願っている人は、一度自分の心に聞いてみることです。「どうして自分は偉くなりたいのか」と。

私の親戚にこんな人がいます。

「自分は会社員時代、失敗をして出世しなかった。当時は悔しかった。しかし、八十歳を超えた今、出世した仲間はみんな死んでしまった。無理していたんだろうな。私は今が一番幸せ。地域のためにボランティアをしたり、苦労させた妻に優しくしたり。出世なんて人生のために必要なものではないということを、今では、はっきりとわかりますよ」

CASE 24

自分の弱さを認めるからこそ人は成長できる

不幸

「姉はバスケの実業団に行けたのに、自分は身長が低かったから行けなかった」

幸せ

「プロバスケの選手にはなれなかったけど、新しく挑戦できることをまた探してみよう」

関連するのは➊【地位財：実績】
P.153

「私が不幸なのは親のせいだ」「あの上司のせいで出世できなかった」など、自分の実力のなさ、弱さを認められず、環境や人のせいにしてしまう人がいます。そういう人は不幸です。

自分の実力不足や弱さを受け入れることは怖いし、辛いことかもしれません。しかし、**自分の人生を、いいところも悪いところも受け入れて責任を引き受けていくことが、幸せにつながっていく**のです。

私たちは、皆それぞれに様々な経験を積み重ねながら生きています。小さい頃から学生時代、そして社会人になってからも、日々、経験を重ねています。それぞれはごく小さな経験かもしれませんし、失敗することもあるでしょうが、人は生きている限り経験を重ね続けているのです。まずはそんな自分を肯定することが大切です。

経験は実績につながります。実績とは何も形に残るものばかりではありません。賞状やトロフィーばかりが実績ではないのです。

たとえば、あなたが誰かにしてあげた小さな親切。あなたが忘れていたとしても、その人の心にはあなたの親切がいつまでも消えることなく残っている。そんな痕跡もまた、あなたの実績なのです。

7日目

幸せな未来を描く

ひと目でわかる不幸な人の特徴

私は長年にわたって幸福学の研究をしています。その過程で多くの人と出会いました。たくさんの人との会話を通して、私は、幸せな人・不幸な人の特徴が自然とわかるようになりました。ひと目会っただけでわかります。研究者として、学術的な検証はまだですが、**幸・不幸は表情や仕草でわかる**のです。**幸せな人は幸せそうに、不幸な人は不幸そうに振る舞っている**からです。

同じことが精神医学の世界でも言えるようです。知人の精神科医は、ひと目でうつ病患者を見分けられると言います。重症なうつ病患者なのか、心の病ではなく何かに深く悩んでいるだけの人なのか。顔を見るだけでわかるそうです。

精神科医はたくさんの患者を診ているので、心の病かどうかの解像度が高いのではないかと思います。私は、社員を幸せにすることを目指す経営者とか、社会を幸せにすることを目指す社会起業家の方など、生き生きと幸せに生きている人を多く見てきましたので、幸せな人を見抜く解像度が高いのではないかと思います。

不幸な人に共通しているのは、一言で言うと自己肯定感の低さです。自分の強みを見つけることができず、創造性を発揮できていない。どこかおどおどした表情をしていたり、心のこもらない空威張りをしていたりします。なんとなく近寄りたくないと感じさせる雰囲気をもっていて、傷つきやすい。

私から見ると、とてもいい部分をもっているのに、そのことに気がついていない。もったいないと思います。結婚できないとか友達が少ないと悩んでいる人の多くは、この特徴をもっている人たちです。

逆に、幸せな人は目が輝いて生き生きしていて、思わず話しかけたくなるような人たちです。人に好かれるので、パートナーや友達は簡単に得られます。

不幸な人は、もったいなさすぎる。本書で述べたような幸せのメカニズムを理解して、もう少しだけ自分を変えれば幸せになれるのに。そう思います。そこで、私は研究の一環として、「ハッピーワークショップ」ないしは「ウェルビーイングプログラム」と呼ぶ幸福学のワークショップを開催することがあります。

参加者に、まず、それぞれのライフヒストリーを聞きます。これまでどのような人生を歩んできたのか。どんな家庭環境で育ち、どのような友人関係を築いてきたのか。そのなかで、どんな辛い経験をしてきたのか、どんな痛みがあるのか。心をオープンにして、自分自身の過去について客観的に眺めてもらうのです。

また、辛さや痛みから得られた強みについても語ってもらいます。ポジティブに過去を捉えることで、自己開示でき、自分の心の闇を客観視できるからです。自分の過去を冷静に見るうちに、マイナスの経験はすべて自分を成長させてくれた、感謝すべきことであることに気がつきます。人生のすべてのピースはつながっています。**苦しかったことも、悲しかったことも、すべて意味がある。すべて今の自分を形成している。このことをありのままに受け入れてみると、不幸と悩みのサイクルが幸せと感謝のサイクルへと転換します。**

こうした**自己開示は、一人よりも数人で一緒に行ったほうが効果的**です。たとえば三人でお互いにそれぞれのライフヒストリーを語り合う。そこに同じ経験があれば、「私も同じようなことがありました」と共感し合うことができます。あるいは、「あなたのその経験は、けっしてマイナスではないと思うよ」と第三者から言ってもらったことが、新たな気づきにつながったりします。自分以外の二人の話を聞くことは視野を広げ、世界を深く理解することにつながります。

また、三人それぞれに、お互いの良い部分を言い合ってもらいます。お互いの強みを言い合うことで、これまで気づかなかった自分の良さが見えてきます。初めて会った人でも、意外と他人の良さというのはわかるものです。私たち人間は、これまでにたくさんの人に会ってきているので、誰でも他人の素晴らしい部分を見抜く力をもっているのです。

これらの結果として自己観が変わると「あれ？　今までどうして悩んでいたんだろう？」という感じになったりします。

四時間のワークショップで、人生観が変わった、生き方を変えた、起業することにした、夫婦関係が激変したなど、大きく人生を変えた人をたくさん見てきました。しかし、そのときは心が軽くなったけれども、一週間もすればまた不幸顔に戻る人もたくさんいます。自分の腑《ふ》に落ちた形でこれまでの人生の意味を理解し、見方を変えるには、各人なりのタイミングがあるようなのです。

すべての人々が、過去の苦しみや痛みの意味を理解し、それをポジティブに転じ、幸せと感謝しかない人生を歩まれることを、心から祈っています。

イエール大学のニコラス・クリスタキスの研究によると、「幸せはうつる」ことが学術的に検証されています。とても幸せそうにしている人と接していると、こちらまで幸せな気分になってきます。悩みがあったとしても、幸せそうな人の笑顔に触れていると、なんとなく悩みが軽くなってきます。それは「幸せな気分は伝染する」からです。

それと同じく「不幸もまたうつる」ことが知られています。三人の仲間のなかに不幸そうな顔をしている人が一人いると、たちまちそれは別の二人にうつってしまいます。また、自分のことはどうでもいいから他人のことを考えるという自己犠牲的なタイプの人がいます。「自分は不幸でもかまわない。周りのみんなが幸せであればそれでいい」と。献身的なことはいいのですが、自己犠牲的になりすぎると、不幸がうつる可能性があります。

誰かを幸せにしたいなら、まずは自分自身が幸せになるべきなのです。自分が幸せになれば、その幸せをどんどん周りに伝染させていくことができます。この延長線上に世界人類の平和と幸福があるのです。

挨拶は幸せを呼ぶ

挨拶の話をしましょう。たわいない話のようですが、**挨拶は幸せな世界をつくるための基本**です。

朝起きたら、家族に「おはよう」と挨拶をする。会社に行けば、エレベーターで会う同僚と挨拶を交わす。学校に行っても友達同士で「おはよう。元気？」と言葉を交わし合う。この一言から一日は始まるのです。

当たり前のことのようですが、皆さんは丁寧な挨拶をしているでしょうか。いつもしっかりと相手の目を見て元気に挨拶をしているでしょうか。相手が「おはよう」と声をかけてくれているのに、相手の目を見ることもせず、俯《うつむ》き加減で「ちわ」などと返していませんか？

「挨拶」という言葉は、もともとは仏教用語です。僧侶たちが出会ったとき、相手の力量を試すために問答を仕掛けます。仕掛けられたほうはそれに答え、さらに問答を仕掛ける。僧侶が仕掛け合う問答のことを「挨拶」と言うのです。

つまり、挨拶とは、言葉のやりとりです。相手が「おはようございます」と挨拶をしてくれたのに、それに対して「うぃっす」と返すのは、場合にもよるでしょうが、相互理解という面では何かが欠けているように思いませんか。

挨拶をしない人や挨拶が苦手な人がいます。そういう人は自己肯定感が低い傾向があるように思います。自分に自信がもてないと、つい声は小さくなりますし、目も合わせたくないでしょう。

しかし、挨拶は少しの勇気で誰にでもできます。相手の顔をちゃんと見て、はっきりとした声で「おはようございます」と言ってみましょう。たとえ相手から同じ挨拶が返ってこなくてもいいじゃないですか。**相手に挨拶を期待するのではなく、自分のほうから積極的に挨拶をすると、清々しいと思いませんか。**

挨拶について、若い頃、考えさせられる経験をしました。

大学院を修了した私は、キヤノンに技術職として入社しました。技術職ですが、最初の二カ月間は販売実習をやりました。コピー機やファックスなどの訪問販売。当時の日本は円高不況に見舞われていました。どのメーカーも、製品が売れずに四苦八苦していました。とにかく一台でも多くの製品を販売したい。猫の手も借りたいという会社の都合により、営業部門だけではなく、私たちのような技術職の人間も研修という名のもとに販売活動をしていたわけです。

私は技術職ですから、営業的なスキルなどありません。いろいろな会社に飛び込みで販売に行くのですが、営業マンみたいにうまくトークはできません。
ただ、とにかく元気よく挨拶するようにと教育を受けました。大きな声で挨拶するのは気持ちのいいものです。そんなわけで、私は、元気よく大きな声で挨拶をすることだけが取り柄の営業マンでした。会社を訪問しては「おはようございます。キヤノンの前野と申します。本日はお時間をいただきありがとうございます」。販売のトークが下手なのですから、せめて挨拶くらいは元気にしなくてはいけない。そんな思いで営業活動をしたものです。

二カ月間の販売実習でしたが、結果として私の販売実績はかなり上位でした。これは不思議なことでした。営業職を希望した人々は、営業トークに自信をもっています。彼らはとても流暢《りゅうちょう》に話ができますし、またその訓練も受けています。にもかかわらず、そうではない私が高い実績を残せた。

なぜかというと、自分で言うのも僭越《せんえつ》ですが、お客様の好感度が高かったのです。挨拶の後で、口八丁なうまい話はできないけれども、技術のことをきちんとわかっていて、誠実に丁寧に説明する。ある女性社長に「あなたは営業には向いていなさそうだけど、まじめに頑張っているから買うわ」と言われ、買ってもらいました。娘を紹介したいとおっしやった社長さんもいらっしゃいました。我ながらびっくりでした。

これは「強み力」の捉え方についての学びになりました。自分ではこれが強みだと思っていることも、実は大した強みではなかったりする。逆に、自分では弱みだと思っていたことが、案外、強みだったりすることもある。何が強みになるかは、実際に行動に移してみなければわからない。そんなことを実感したものです。

さて挨拶の話に戻りましょう。二カ月間の販売実習を終えて、私は晴れて本社の研究所に配属されました。やっと目指していた技術職になれたわけです。初めて出社した日、職場に入ると私は、大きな声で「おはようございます。よろしくお願いします」と挨拶をしました。

ところが、そこにいた多くの先輩たちからは思ったような挨拶は返ってきませんでした。小さい声で「おはよう」と返してくれる人もいましたが、多くの人たちはまるで無視です。なかには露骨に「うるさいな、静かにしてくれ」という表情をする先輩もいました。

営業部門と研究部門の違いに驚きました。研究部門には挨拶をする習慣がなかったのです。一人で集中して仕事をしているから、挨拶をすることなど邪魔なことでしかない。また、技術職や研究職の人は、コミュニケーションをとることが苦手な人が多い。挨拶など不必要な行為だという空気が充満していたのです。

　これには強烈な違和感を覚えました。しかし、人間は順応する生き物です。いつの間にか、私自身もその雰囲気に慣れてきたのです。初めは小さな声で「おはようございます」と言ったりもしていましたが、三カ月もしないうちに挨拶しなくなりました。毎朝出社しても、黙って自分のデスクに座るだけ。すっかり挨拶をしない文化に慣れてしまったのです。

　そんな経験をしてきましたので、今の私は挨拶を大事にしています。職場のみならず、駅の改札でも、バスを降りるときにも、挨拶をします。駅の改札で、駅員さんがみんなに「おはようございます」と言っているのに、ほとんどの人は無視。人間同士なのに、おかしいじゃないですか。バスを降りるときも、小学生以外は無言。これもおかしいじゃないですか。子供が挨拶するように、大人ももちろん挨拶すべきです。

　挨拶は人間関係の基本です。感謝し、親切にし、多様な人と接する人は幸せですが、その始まりが挨拶です。皆さん、元気に挨拶しましょう。

AI時代における幸福感

私は一九九五年に慶應義塾大学理工学部機械工学科に転職しました。それから二〇〇八年までは、ロボット工学の研究をしていました。

ロボット工学の目的は二つあります。その一つは「**人間社会をより便利なものにすること**」です。たとえば工場で導入されているロボットにより、生産性は飛躍的に向上しました。これからは、家事ロボットなどの出現によって、主婦の家事が軽減されていくでしょう。また、ロボットやＡＩが工場や社会に入ることによって、人間社会はさらに豊かになっていくでしょう。

ロボット研究のもう一つの目的は、「**人間を理解するため**」です。人間に似せたロボットをつくり、人間の脳についてわかっていることをロボットの情報処理に組み込んでみる。人間が感じている感情もＡＩに組み込み、喜怒哀楽をもったロボットをつくってみる。また、そんなロボットと共存する人間の感情を分析してみる。これらによって、より深く人間というものを理解したい。私が興味をもってきたロボット研究はこちらです。

つまり、学問分野の名前はロボット工学でしたが、行っていた研究は、人の心の振る舞いの探求でした。実は、幸福学と同じような研究です。

幸福学の研究をするようになったのは、二〇〇八年に慶應義塾大学大学院システムデザイン・マネジメント研究科に移ってからです。よく、「ロボット工学から幸福学への転身は大きな変化ですね」と言われるのですが、そんなことはありません。人の心との相互作用を分析する対象が、ロボットから人や職場や町や家に変わっただけです。

さて、現在のロボットやAI技術は日進月歩です。すさまじいスピードで進化しています。たとえばレントゲンの画像を一瞬で分析し、がんを見つける能力が、明らかに人間のそれを超えるようになってきました。自動翻訳の正確さと高速さも、もはや人間を超えつつあります。今後は、家事ロボットや労働ロボットの正確さや器用さが人間を超えるようになるでしょう。医療、法曹、教育、政治、コンサルティングなど、高度と言われていた分野においても様々な仕事をロボットやAIが行うようになるでしょう。

このように、様々な仕事がロボットに代替されるようになります。自主性・主体性・幸福度の低い人のなかには、「自分は与えられた仕事だけをやっていたい」という考えの人がいます。誰かの指示通りの仕事だけで十分だと。しかし、残念ながら、そういう仕事は

ＡＩ時代にはなくなっていくでしょう。「マニュアル通り・指示通りの仕事」は、ロボットやＡＩのほうが人間よりも一〇〇倍も速く、正確にできるようになっていくからです。

では、**ＡＩ時代に生き残っていくためにはどうすればいいのでしょうか**。それは、ロボットにはできない**人間らしい強みを身につける**ことです。

たとえば、日々、創造的な判断が求められる仕事があります。このプロジェクトをやるべきかやめるべきか。Ａというプランを採用すべきか、はたまたＢでいくか。もちろん判断するには材料が必要です。判断材料をすべてＡＩにインプットすれば、ある程度の結論は得られるでしょう。しかし、現在のＡＩはそんなに優れてはいません。「大量の前例、ルール、マニュアルのある問題」を解くのは得意ですが、「多様な可能性について考える必要のある、前例のない問題」を解くのは苦手です。

つまり、**これからのＡＩ時代、人間の側としては、独自の創造力を養うことこそが重要**なのです。もっと具体的に言うと、創造力、感性、個性、独自性のような「自分だけができること」の力が、これまで以上に重要になっていくでしょう。幸せと相関する事柄ばかりです。要するに、**人は幸せであればＡＩ時代を生き抜いていける**ということなのです。

ロボットはどこまで人間に近づけるか

ロボット研究の進化はこれからもさらに加速していくでしょう。工業用・家事ロボットのみならず、より人間に近いロボットの開発が進むでしょう。

これまでのロボットの多くは人間の指示通りに動くものでした。しかし、人間に逆らうロボットも将来的にはつくられるでしょう。たとえば受付などにいるロボット。親切で、言葉も丁寧でわかりやすいロボットが求められるでしょうが、「ちょっとやる気のない受付ロボット」のような個性的なロボットをつくることも原理的にはできます。

余計なことを喋《しゃべ》るロボットや、不機嫌そうなロボットもつくれます。もちろん、幸せなロボットも不幸なロボットもつくれるでしょう。人間の指示を時々無視して、サボったりするロボットがいてもおもしろいですね。

こうした様々なロボットをつくり出すことで、人間の心についての研究も進むでしょう。**人間理解のためのロボット研究とは、人間の心の鏡をつくること**なのです。

私が今、つくりたいと考えているのは、カウンセリングロボットやコーチングロボットです。幸福学の研究成果をロボットにインプットするわけです。そこには、本書で述べたような、人間が幸せになるための道順が大量にインプットされている。そのロボットを前に人間が相談をするわけです。

人間の悩みを聞き取りながら、ロボットがそれに対する答えを導き出す。そして人間にアドバイスするのです。「あなたの考え方は、もっとこのように変えたほうがいいでしょう」などと。

人間は、他人から的を射たアドバイスをされると、つい反発しがちです。「そんなことは言われなくてもわかっている」と。人間は面倒くさい生き物です。プライドがあるので、せっかく助言してもらったのに、つい感情的になってしまうことがあります。

しかし、アドバイスをしてくれる相手がロボットであれば、感情的になりにくいのではないでしょうか。ロボットに対して怒ったって仕方がない。ロボットの正確なアドバイスなら、冷静に聴くことができるのではないでしょうか。

「あなたはもっと愛想よくしたほうがいいよ」「その言い方はハラスメントになるよ」「挨拶はもっと大きな声で」「もうちょっと感謝したら？」「心配しなくても大丈夫」「あなたがいてくれて良かった」

このようにロボットが指摘やエンカレッジ（勇気づけ）をしてくれたら、いい世界になると思いませんか。なんだか「ドラえもん」みたいですね。

ただし、この構想は、所詮ロボットは人間のような心をもっていないと思うから、人間と違って言いにくいことを言えるだろうという仮説に基づいています。将来的に、人間のようにリアルな心をもったロボットがつくれるようになり、人間のように感情移入できるようになったら、それはまた別の話ですね。のび太がよくドラえもんに腹を立てるように、人間とロボットの関係も変わっていくでしょう。そうなるのは、まだしばらく先の話だと思いますが。

認め合う幸せ

「不易流行《ふえきりゅうこう》」という言葉があります。いつの時代にも変わらないもの、そして時代とともに移り変わっていくもの。私たちはこの不易と流行のなかで生きています。

私は、**幸せの基本メカニズムは、時代が変わっても揺るがない**と思います。安心・安全や、感謝、誠実さ、利他的な心が幸せにつながることは、二千年以上も前の仏教思想や諸子百家の思想の頃から変わりません。

一方で、科学技術はすさまじい速度で進歩しているため、仕事のあり方や暮らしのあり方、そこで利用する製品やサービスはこれからも大きく変わっていくでしょう。創造性は幸せに影響しますが、創造性を発揮すべき内容自体は大きく変わっていくでしょう。しかし、やはり、どんなに世の中が変わっても、創造性を発揮するとともに、やりがいをもち、なんとかなるとチャレンジし、自分らしさを発揮し、多様な人と力を合わせる人が幸せであることに変わりはないでしょう。

「最近の若者は……」とよく言われます。この言葉は、古代文明の文章にも書かれているそうです。つまり、ジェネレーションギャップは何千年も続いてきた現象なのです。特に、変化の大きい時代には、高齢者側が若者たちの行動を嘆いたり、若者側が高齢者の気持ちなんかわからないと思ったりという対立が起きがちです。

幸せな人とは、他人のことを理解できる人です。ですから、**変化の時代にこそ、お互いの幸福感を認め合うことが求められているというべき**でしょう。

世代の違いだけではありません。ダイバーシティー&インクルージョンは多様な人々の幸福度を高めます。もっと大きな視点で言えば、民族や国家を超えて、違いを許容し、尊重し、幸福感を共有すること。お互いの価値観・幸福観を押しつけ合うのではなく、認め合い、尊重し合っていくこと。一人ひとりの幸せが、世界平和につながっていくのです。

未来は希望に溢れている

「世界幸福度調査（World Happiness Report）」という国連が毎年発表している調査報告があります。世界の様々な国の人々が、どれほどの幸福感で暮らしているか。この調査によると、二〇二〇年の日本のランキングは六二位。先進国中、最下位です。残念な結果に見えますが、これはあまり気にしなくてもいいと思います。

この調査は、0が最低の生活、10が最高の生活だとしたときに、自分の生活は何点なのかを11段階のなかから答えてもらったもの。そして、各国の平均値を順位付けしたものです。この質問への答えの分布は、大雑把に言って、欧米の国では8付近に中心を持つ分布に、アジアの国では5付近に中心を持つ分布になることが知られています。ところが、おもしろいことに、日本では5と8にピークを持つ分布になります。

これから推測できることは、欧米の人々は「10よりは少し下かな？」という判断を、アジアの人々は「普通だから真ん中の5かな？」という判断を、日本の人々は両者が入り交じった判断をしているということです。つまり、満点から引き算する思考をする人々と、中庸との比較をする人々の幸福度を、一つの指標で測っている可能性があるということです。だとすると、このような測り方で調べた幸福度を国際比較することにはあまり意味がないかもしれません。

世界幸福度調査の結果を真に受けると「日本の幸福度は先進国中最下位」とも言えますが、日本人は「平均5」的な答え方をする集団と「平均8」的な答え方をする集団の集まりだとすると、先進国中、最も「平均5」的な答え方をする国であるにすぎない可能性があります。

前にも述べたように、他人と自分をあまり比べすぎる人は幸福度が低いことが知られているので、**幸福度ランキングにはあまり振り回されず、それぞれの人がそれぞれの人らしく生き生きと暮らすことが重要**だと思います。

ただ、**気になるのは、日本のランキングがここ数年下がり続けているということ。**つまり、過去の日本人との比較で幸福度が下がってきている、ということです。他国との比較ではないため、母集団が異なるという問題がありません。そのため、「幸福度が下がり続けている」ということは注目すべき結果だと言えるでしょう。

どうして日本人の幸福度は下降傾向にあるのでしょうか。原因は一つではないでしょう。経済的な不安感はもちろんあるでしょう。これからは年金をあまりもらえそうにない。ＩＴなど好調な業種もあるけれど、斜陽を迎えている産業も少なくない。非正規の労働者も増え、正社員もリストラの恐怖に怯えながら生きている。それに輪をかけるように、今の日本社会では少子高齢化が様々な歪《ゆが》みをもたらしています。

いったいこの先、この国はどうなってしまうのだろう。幸せの基本となる安心・安全はなくなってしまうのだろうか。たくさんの不安が、まるで波が押し寄せるようにやってきていると考えることもできます。考えれば考えるほど、幸せとは離れていくような感覚。そんな閉塞感がこの国を包んでいるのかもしれません。

今の日本社会は、大きな転換期を迎えていると言うべきでしょう。ずっと増え続けてきた人口が減少に転じたのですから、明らかに**大きな価値転換が起きています**。これまでの価値観は通用しなくなっています。

負の側面だけを見ると、このままでは我が国の労働者は減少し、経済は立ち行かなくなり、街には年寄りが溢れ、活気が失われてしまうと考えることもできるでしょう。

しかし、少し冷静に考えてみてください。お年寄りが増えるということは、すなわち平均寿命が長くなるということです。長生きできることは幸せなことでもあります。実際、年齢と幸福度のグラフを描くと、四十代以降は年齢とともに幸福度が増大し続けます。つまり、高齢化が進むということは、幸福度の平均値が上昇することなのです。また、世界に先駆けて超高齢化大国になるということは、世界に先駆けてこの新しい市場の変化を体験し、工夫をし、新しい製品やサービスを生み出すチャンスに溢れているということでもあります。

また、少ない生産年齢人口で多くのお年寄りを養っていかなければならない過渡期には痛みも伴うでしょうが、人口が減少したところで均衡してくれれば、一人当たりの土地面積も広くなり、今よりももう少し緑の溢れた日本に、余裕をもって住めるようになるでしょう。

また、日本やアジア、ネイティブアメリカンなど環太平洋の地域では、もともとお年寄りを尊敬し、尊重する文化を築いていました。もちろん、環太平洋以外にもそのような考えはあると思います。何か困ったら、長老の意見を聞く社会。近代化とは、高齢者や長老の話を尊重する社会から、若々しく力強く変化をリードすることを美化しすぎる社会に、舵《かじ》を切りすぎたということなのではないでしょうか。

来るべき超高齢化社会は、長老を尊敬し尊重する社会になるべきだと思います。高齢者の知恵を尊ぶ社会。高齢者の多い社会とは、賢人だらけの長老大量輩出社会でもあるわけです。楽しみではありませんか？

変化を恐れるのではなく、どんな社会が来るのだろうとワクワクしながら考えれば、未来は希望に満ち溢れています。そんな新しい社会には、これまでになかった幸福感が存在するのだと思います。

願い

この原稿を書いているのは、新型コロナウイルスが世界中を襲い、日本にも緊急事態宣言が発令されている真っ最中です。自宅で自粛することを強《し》いられ、大学の授業もゼミもオンライン開催です。まさに日本中、いや世界中の人々が見えない敵と闘っているとも言えますし、一気に新しい世界に向けて適応中とも言えます。

私も、世界中を飛行機や電車で飛び回る生活から、自宅で家族と一緒に過ごし、近所の公園を散歩する生活に変わりました。そんななか、皆さんは何を考えていましたか。

実は、私は一九九二年のロサンゼルス暴動のときに北カリフォルニアに住んでいて、自宅待機を強いられたことがありました。それもなんとかなった。あのときと似ている。だから、特に怖《おそ》れのようなものは感じませんでした。もちろん、エッセンシャルワーカーの方や経営が成り立たなくなった方、病気で命を落とされた方など、いろいろな痛みが世界を襲っているのも事実ですが、これまで世界に起きてきた様々なことのうちの一つが起きているにすぎないと捉えることもできます。

私が自然のなかを散歩する生活のなかで考えたことは、**「そもそも人類はなんのために生きているのだろうか」という根源的な問い**です。新型コロナウイルスの蔓延が人類を苦しめていますが、そもそも、地球上で最も蔓延しているのは人類ではないか。美しい地球をコンクリートで覆い、緑の森を自分たちのための耕作地に変え、多くの動植物を絶滅に追いやり、さらには二酸化炭素を大量に放出して地球環境を激変させてしまった。地球からすれば、地球史上最悪のパンデミックは人類の蔓延ではないでしょうか。

日本の人口が減り始めたということは、ようやく人類というパンデミック終焉《しゅうえん》への道を、日本が世界で最初に歩み始めたということではないでしょうか。

私たちは、これからいかに生きていくべきか。**忙しすぎた日常から、もう少し人間的なゆっくりした生活に戻ってみたとき、私が考えたことは、目の前にある問題の解決ではなく、そもそもの問題に目を向けることでした。**

本書で述べてきたように、幸せな人とは、視野が広く、物事を俯瞰的に捉えることができて、創造性が豊かで、前向きにチャレンジし、みんなのために利他的に、主体的に活動する人です。そして、幸せとは成長すること。年齢を重ねるにつれて成長し、幸せになっていくことです。

ということは、**これからの人類の歩む道は明らか**です。これから地球をどうしていくのかを考えること。地球環境問題や世界の貧困問題、自らの生き方の問題を、みんなで力を合わせて解決していくこと。自分のことや自国のことばかり考えるのではなく、助け合い、思いやりをもって、世界中のすべての人々のことを尊敬し、尊重し、みんなとともに生きること。「世界中の生きとし生けるものが幸せでありますように」という願いがすべての人の心に灯籠《とうろう》のように灯《とも》されれば、未来は明るいに違いありません。

そのためには、**まず、あなたが幸せになること。幸せはうつります。**あなたが幸せになることは、世界の生きとし生けるものが幸せに生きることの始まりなのです。あなたが幸せでありますように。

おわりに　～人生という山の登山地図～

『7日間で「幸せになる」授業』、いかがでしたか。幸せになりましたか。幸せについて考え、幸せな人生をこれから歩んでいくためのなんらかのヒントを得ていただけたでしょうか。

本書で述べてきたように、世界中で行われたたくさんの研究により、多くの幸せのためのヒントが知られています。健康診断と同じように、幸福度診断を行うことによって、あなたの幸福度の現状を把握することができます。

あなたの幸せには、ビジョンを描く力、強み力、没入力、満喫力、成長意欲、創造力、自己肯定力、感謝力、利他力、許容力、信頼関係構築力、コミュニケーション能力、挑戦力、楽観力、マイペース力、エネルギッシュ力、フレンドリー力、まじめ力、情緒安定力、おもしろがり力、安心・安全な家、安心・安全な職場、チャレンジを推奨する雰囲気、収入力、社会的地位、実績が関係しています。

これらを少しずつ高めることにより、あなたは幸せになっていくでしょう。もちろん、少しずつでOKです。

発達心理学のなかに、成人発達理論という考え方があります。人間は、成人になってからも成長していくのだという理論です。幸福学から考えても、本書でも述べたように、成長すること自体が幸せですし、成長することは強み力・利他力・俯瞰力をはじめとする様々な力を伸ばしていくことですから、「成長すること」イコール「幸せになること」だと言っても過言ではないでしょう。

地位財よりも非地位財、経済的な成長や物欲を満たすことよりも、心の成長を目指すことのほうが、より幸せになれるということです。科学的に考えれば、人は心の成長を目指して生きれば幸せになれるということなのです。

では、至福の境地とはどんな境地なのでしょうか。

成長し、心を磨いた結果として、先ほど述べた条件を高度に満たした状態だと言えるでしょう。目の前の私利私欲や小さな喜びにとらわれすぎず、より良い世界をみんなとともに創造していくために自分の強みを活かしていくことを天命と感じ、実際にいろいろな人と協力して歩んでいる状態。ビジョンを描き、強みを活かし、没入し、満喫し、成長し、創造し、利他的に、エネルギッシュに挑戦する境地。

私は、出羽《でわ》三山に三日間の山伏《やまぶし》修行に行ったことがあります。三日間歩きっぱなしです。月山《がっさん》の頂上を遠くに望み、「あそこまで登らなければならないのか」と思うと気が遠くなりそうでした。

しかし、頂上は見ないで、目の前の坂道だけを見て一歩一歩登ることに注力したら、登り切ることができました。疲れて足が痛くても、一歩は登れます。あ、できた。また一歩。またできた。また一歩。どんなに疲れていても、一歩だけなら簡単です。

そして、この繰り返しが自分を頂上に導いてくれたのです。山伏修行は、人生の縮図だと思いました。

山伏修行からの教訓は、遠くを見すぎず、目の前の一歩一歩を歩むことが大切だということでした。本書では、幸せのためには俯瞰力が重要だと話しましたが、あるときには、遠くを見すぎず、近くを見て着実に歩むことも必要なのです。

ですから、幸福度診断の項目を全部目指すのはたいへんだ、と思う必要はありません。あるときは山を見上げ、まだ遠い道のりだと思うことも必要ですが、そのことで挫折しそうになる必要はありません。そうではなく、少しずつ、自分のできることを満喫することが幸せな人生を送るコツです。

本書は、「7日間」で、幸せになるための大きな山の全貌を俯瞰するための本です。といっても、山の大きさに愕然《がくぜん》とするための本ではありません。これから人生という山を登っていくための楽しみがいっぱい詰まった本だった、とポジティブに捉えるための登山地図集です。

いかがでしょう。これからの山登り、たいへんだと思いますか、楽しみだと思いますか。

どの登山道から登ってもけっこうです。人生百年時代、ゆっくり登ってもかまいません。登り方も自由です。立ち止まってもいい。走ってもいい。どんなやり方をしていても、一歩ずつ、満喫しながら、みんなで力を合わせながら登れば、必ず登れます。大丈夫。

あなたがいてくれて良かった。あなたが一緒に登ってくれて良かった。あなたの登山が、幸せと平和に満ちた、豊かなものでありますように。時にはたいへんなこともあるでしょう。でも、ゆっくりと歩み続けられますように。みんなで力を合わせ、歌を歌ったり、笑ったりしながら、みんなで登っていけますように。
いつか、山頂でお会いしましょう。

二〇二〇年七月

前野隆司

装丁●西垂水 敦・市川さつき（krran）
装画●岡村優太
本文デザイン●華本達哉〈aozora.tv〉
編集協力●網中裕之

〈著者略歴〉

前野隆司（まえの　たかし）

慶應義塾大学大学院システムデザイン・マネジメント研究科教授兼慶應義塾大学ウェルビーイングリサーチセンター長。

山口県生まれ、広島県育ち。東京工業大学、同大学大学院修士課程を経て、キヤノン株式会社勤務。カリフォルニア大学バークレー校客員研究員、ハーバード大学客員教授、慶應義塾大学理工学部教授などを経て現職。博士（工学）。

著書に、『脳はなぜ「心」を作ったのか』『幸せのメカニズム』『実践 ポジティブ心理学』『無意識の力を伸ばす８つの講義』『ニコイチ幸福学』『幸せな職場の経営学』など多数。

７日間で「幸せになる」授業

2020年９月10日　第１版第１刷発行

著　者　前野隆司
発行者　清水卓智
発行所　株式会社ＰＨＰエディターズ・グループ
〒135-0061　江東区豊洲5-6-52
☎03-6204-2931
http://www.peg.co.jp/
発売元　株式会社ＰＨＰ研究所
東京本部　〒135-8137　江東区豊洲5-6-52
普及部　☎03-3520-9630
京都本部　〒601-8411　京都市南区西九条北ノ内町11
PHP INTERFACE　https://www.php.co.jp/
印刷所
製本所　凸版印刷株式会社

ISBN978-4-569-84743-6

PHPの本

実践 ポジティブ心理学

幸せのサイエンス

前野隆司 著

アメリカの心理学会でも話題のポジティブ心理学を、不安遺伝子を多くもつ日本人がどう取り入れるべきかをわかりやすく紹介する一冊。

〈新書判〉定価 本体八六〇円（税別）

PHPエディターズ・グループの本

毎日をいい日にする！「感謝」のコツ

「日々是好日《にちにちこれこうじつ》」の生き方

植西 聰 著

たとえつらいことがあっても、感謝する時間を持つことで、その日が良い日になっていく。「日々是好日」で生きていけば大丈夫。

定価 本体一、二〇〇円（税別）

PHPエディターズ・グループの本

自分の幸せに気づく心理学

アメリカ「無名兵士の言葉」が教える大切なこと

加藤諦三 著

何かを求め続ける限り人生に充足感は得られない。自分が今、何を得ているかに幸福のヒントがあることを説きあかす人生の書。

定価 本体一、三〇〇円（税別）